いつのまにか〝ひとひねり〟

ぐるぐる編みの
メビウススヌ∞ド

ベルンド・ケストラー

JN241366

日本ヴォーグ社

Introduction

メビウス編みは、作り目がちょっと特別なだけで、少しの知識とテクニックがあればOK。あとは手を動かして頑張るだけ。まずは首にかけるだけのシングルのスヌードからどうぞ。ぐるぐるっと二重に巻けるダブルのスヌード、小さいメビウスはキッズサイズやターバンにして、たっぷり丈のスヌードはケープやフードみたいにつけたらかわいいし、メビウスの編み地がほど良くフィットして、とても暖かい。私もスヌードをスポンとかぶって、バイクでツーリングをします。冬でも全然寒くないし、おしゃれでしょ。皆さんも本に紹介している作品を参考に、サイズも、糸も、色も、自分の好みに合わせてどんどんアレンジして編んでください。スヌードならどんなサイズに仕上がってもいいですし。とにかく、一度、最初の作品を編んでみてほしい。男性も女性も、いろんな人に！

ベルンド・ケストラー

KESTLER × MÖBIUS

「編み方にルールはない」が私のルール

今の時代は編み物を始めるのに一番いい環境が整っていると思う。SNS、素材、道具等すべてベストな状態。本もいっぱいあるし、糸も道具もどんどん新しいものが発売されて、オンラインで何でも手に入ります。編み始めの作り目の仕方や目の止め方、初めて見る模様にいつでも出合えます。これらの情報を参考にしつつ、これまでの経験や知識を生かして、模様とアイテムの組み合わせを考えたり、編み始め位置を工夫したり。私にとって編み物はNOルール。もっとこうしたい、ああしたい、これを使いたい…、アイデアが次々と生まれます。

細長い編み地の端をクルッと180度ひねってつなぎ合わせた形状が「メビウスの輪」。でもメビウス編みなら、つなぐ必要はないですね。メビウス編みの一番大切なポイントは作り目。今まで紹介されているメビウス編みの作り目は、どうしても編み始めに線が出ます。だから作り目の線が出ない方法を考えました。コードに針先をつけ替えることのできる、着脱式の輪針がヒントになりました。作り目をするとき、棒針1本を添えて始め、輪針に目を移します。ケストラーオリジナルのメビウス編み。ぜひ、たくさんの人に紹介したいと思いました。

次に、模様選びもとても大事。メビウスの編み地の表をたどっていくと、いつの間にか裏側になっていて、最後は元に戻る。つまりどっちが表でどっちが裏か分からない、どっちも表。だから、メビウス編みには模様の裏側の表情もおもしろい、表裏どちらも楽しめるような模様を探しました。日本の古い編み物の本や海外で買い集めた本から、おもしろい模様をたくさん見つけました。それらをスヌードのために、私らしくアレンジしています。

もし難しいことが無理なら、普通の作り目で、メビウスにしなくてもいいよ。まずは1枚、編んでみてほしいな。編み物の経験がない人にも、この本が編み物に興味を持つきっかけになったらうれしい。

1. 日本に住んで21年、拠点を横浜から岐阜へ。「自分でいろいろ変えられるプライベートの家がほしかった」と、ドイツの絨毯メーカーVORWERK社のカーペット見本を敷き詰め、ポップでカラフルな空間を自由に創造中。岐阜は日本の真ん中。大阪も東京も同じくらいの距離で、便利になったそう 2. クンストレースの壁時計。6分割と12分割の編み地を重ねて作られた、世界で1つのオリジナル 3. ミトンやショール、帽子などなど、今まで制作をしてきたニットが詰め込まれた着物用の和箪笥 4. ニット関係の古い本から、日本の着物や文様に関する本、自身の著書など、洋書、和書の資料本がぎっしり 5. 宙に浮く手編み中のオブジェ。さすが、見事な手つき！ ケストラーさんの遊び心が止まらない 6. スケッチブックや編みかけニット、玉巻き器、ミシンなど、リアルな作業机。ただ今、廃材の塩ビ管でヘアピンレース器を作成中…!?

Contents

HOT LINE
ホットライン

この本に関するご質問は、お電話または Web で
書名／ぐるぐる編みのメビウススヌード
本のコード／ NV70541
編集担当／曽我圭子、鈴木博子
電話／ 03-3383-0637（平日 13：00 〜 17：00 受付）
Web サイト「手づくりタウン」https://tezukuritown.com
※サイト内「お問い合わせ」からお入りください（終日受付）。
●この本に掲載した作品は、すべてチューリップの輪針を使用しています。

1

基本のスヌード

表目5段・裏目5段をくり返して編む、一番シンプルな模様。好きな長さで、適当な目数で、何も考えずに編み始めてください。初めてのメビウス編みにおすすめ！

使用糸：パピー ミュルティコ
編み方：p.28

2

Lace Rib

レース

とっても素朴なレース模様のメビウス
ケープです。肩まですっぽりかぶれる
たっぷりサイズ。爽やかなペパーミン
トグリーンに気分も和みますね。

使用糸：パピー ブリティッシュエロイカ
編み方：p.66

3

Mistake Rib

バルキー

ザクザク編んで、すぐに完成したい人におすすめのボリューミーなシングルスヌード。リブをベースにした表目と裏目だけのやさしい模様です。スモーキーな大人のピンクを選びました。

使用糸：パピー ブリティッシュエロイカ
編み方：p.67

お花がパッと咲いたような、きれい色スヌード。表情を明るく、気分を上げてくれるパワーアイテムです。控えめな光沢感が美しいシルク混のウール素材で、やわらかな肌触りがお気に入り。

使用糸：ヤナギヤーン ブルーム
編み方：p.67

4,5

Mistake Rib

グラデーション

かけ目と2目一度をくり返して、ゆったりと波打つようなスカラップ模様が楽しいでしょ。作り目を挟んだ上下の波模様がピタリとハマるように、全体の模様数を奇数で考えます。

使用糸：ヤナギヤーン ブルーム メロディ
編み方：p.68

6

Old Shale

サマーヤーン

7

Summer Lace

夏の冷房対策にも最適なコットン素材のスヌード。編み終わりをフリルのようなエジングで仕上げました。いつものシンプルスタイルに、アクセサリー感覚で羽織っても素敵です。

使用糸：ハマナカ ウオッシュコットン〈グラデーション〉
エジング レッスン：p.44
エジング バリエーション：p.60
編み方：p.69

ヘアバンド

小花のような丸い膨らみが可愛らしい模様です。「5目のドライブ編みを、次の段で5目一度にしながら5目編み出す」全然難しくないでしょ。大きな穴あき模様のエッジもおもしろい。

使用糸：パピー プリンセスアニー、レッチェ
アスターステッチ レッスン：p.46
ボタンホールステッチ レッスン：p.48
編み方：p.70

10

Slip Wave

配色

昔編んだネックウォーマーをしてたら「この模様、裏もいいね」って。この本のために、もう一度メビウスで編みました。青×白の配色が和柄の波模様のよう。粋なスヌードになりました。

使用糸：ヤナギヤーン ブルーム
編み方：p.71

キッズ

子ども用のスヌードはちょっと小さめ
を意識して、長さ50cmのシングル
サイズ。大人のヘアバンド、ターバン
にもいいですね。鮮やかなターコイズ
ブルーのエッジに、黄色が効いてます。

使用糸：スキー タスマニアンポロワース
編み方：p.68

12

Seaweed

ケープ

表目と裏目が斜めに流れて、ゆらゆらと
海底でゆれる海藻模様。カジュアルなツ
イード糸に、ファータイプのエッジをア
レンジしてみました。男性でも違和感な
く身につけられると思います。

使用糸：ハマナカ アランツィード、ルーポ
編み方：p.72

ダブル

引き上げ編みの模様は、どちらが表で
も裏でもいいですね。模様図の表面は
リブ調、裏面は立体感のあるポコポコ
編み地。2つの表情が一度に楽しめて、
メビウススヌードにぴったり。

使用糸：DARUMA 空気をまぜて糸にした
ウールアルパカ
編み方：p.73

13

Drop Stitch

14

ダ
ブ
ル

ダブルに巻いてすっぽり顔が埋もれるく
らい、長さも幅もたっぷりサイズのスヌー
ドを編みました。編み地も厚く膨らみの
でるパターンを選んで、すごく暖かいし
小顔効果もあります。

使用糸：スキー UK ブレンドメランジ
編み方：p.74

ファンシーヤーン

かけ目で作った目を数段編んで落とす、
いわゆる針抜き模様のスヌード。長さ
はシングルサイズで、幅広のデザイ
ン。置くとちょっと不思議な形ですが、
フィット感は抜群です。

使用糸：DARUMA ポンポンウール
ドロップリブ レッスン：p.49
編み方：p.75

15

Drop Rib

ダブル

1段ごとに配色を替えて、イギリスゴム編みの要領で編みます。このパターンは"2段編んで1段分"と、普通のゴム編みの2倍の段数を編みますが、表裏がそれぞれの色になって本当におもしろい。

使用糸：パピー クイーンアニー
ブリオッシュパターン レッスン：p.51
編み方：p.73

16

Brioche Rib

ブリオッシュ

17

Wave Brioche

基本は左ページのパターンと同じ、3目一度と1目からの編み出しで、リーフのような模様が現れます。段数は多くなりますが、模様ができてくるのが楽しくて、どんどん編みたくなります。

使用糸：パピー プリンセスアニー
ウェーブブリオッシュパターン カラーバリエーション：p.50
ブリオッシュパターン レッスン：p.51
編み方：p.76

18,19

Fair Isle

編み込み

フェアアイル編み込みは、裏の渡り糸もアート。地糸と配色糸の渡りが交差しないように気をつけましょう。模様をしっかり見せたいからケープにしました。お揃いの帽子も残り糸で配色。

使用糸：ハマナカ リッチモア パーセント
フェアアイルパターン カラーバリエーション：p.54
編み方：p.64

20

K-Wave

ケープ

表目と裏目だけなのに、こんなにおもしろい凸凹ウエーブになる、私の大好きな模様。大胆なグラデーションカラーとの相性もぴったりです。アイロン？ もちろんかけません。

使用糸：ハマナカ ランタナ
編み方：p.77

衿つきポンチョ

メビウス衿のポンチョを編んでみたくて、メビウスの編み終わりを半分だけ止めて、残りの目で身頃を編みます。三角形の連続模様を分散増し目で編み広げて、きれいなプリーツ状に。

使用糸：ハマナカ リッチモア バカラ・エポック
編み方：p.78

21

Pythagorean
Pattern

メビウススヌードの編み方

編み図・記号図の見方を理解して、作品を編みましょう。

1 基本のスヌード p.08
Easy Pattern

〈編み図の見方〉

作り目位置はスヌードのセンターです。センターから上下に編み進めていきます。

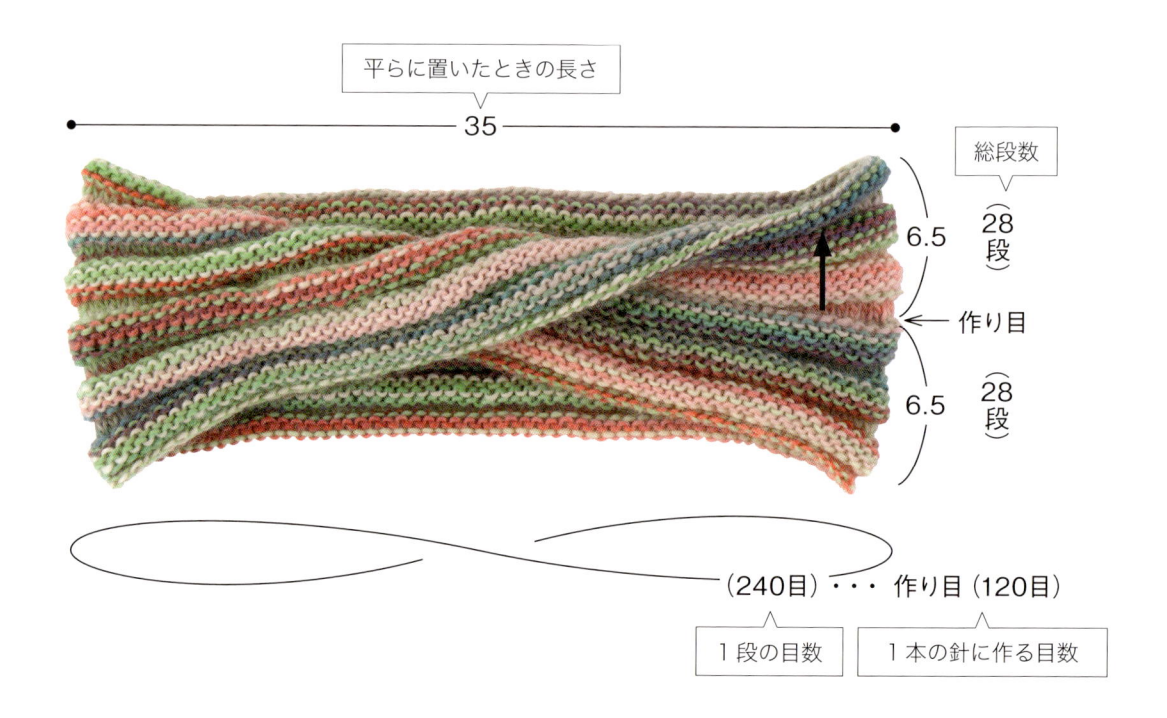

平らに置いたときの長さ

35

総段数

6.5　（28段）

←作り目

6.5　（28段）

（240目）・・・作り目（120目）

1段の目数　　1本の針に作る目数

■材料
パピー ミュルティコ　ピンク・グリーン系（576）80g。
用具　輪針（80〜100cm）5号・棒針5号1本。
■できあがり寸法
幅14cm、長さ70cm。
■ゲージ
10cm=17目・6.5cm=28段。

■編み方
輪針と棒針を使ってそれぞれに120目、全体で240目の作り目
をして編み始める。模様編みの1段めから全目（240目）で編む。
記号図を参照して28段まで編み、編み終わりはアイスランディッ
クキャストオフ（p.36参照）にする。

〈記号図の見方〉

作品の作り目はすべて同じ方法です。
作り目ができたら、記号図の1段めから編んでいきます

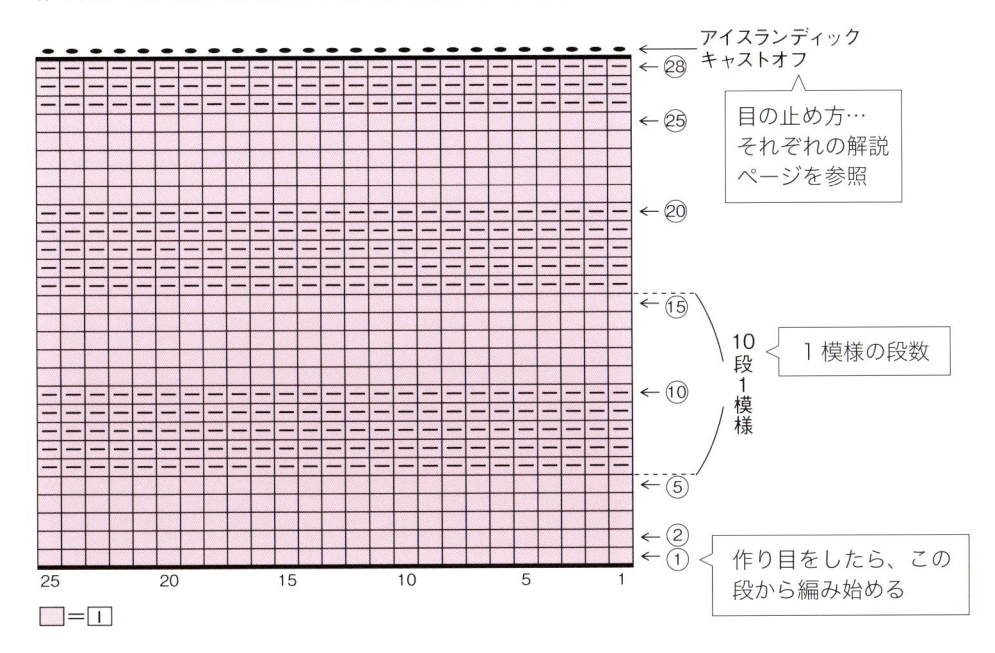

アイスランディック
キャストオフ
← 28

目の止め方…
それぞれの解説
ページを参照

← 25
← 20
← 15

1模様の段数

10段1模様

← 10
← 5
← 2
← 1

作り目をしたら、この
段から編み始める

☐ = ☐

〈作り目数の決め方〉

本に掲載の作品のサイズを変更したいときや、オリジナル模様で編みたいときなど、メビウスで編む場合、作り目数の決め方は作品の仕上がりを左右する大切なポイントです。メビウススヌードは、センターの作り目を挟んだ上下それぞれに模様が現れます。そのため、編み入れた模様の表と裏がつながって編まれます。そのとき、模様の見え方がセンターで続いた方がよいか（偶数模様）、互い違いになった方がよいか（奇数模様）を考えます。

作り目

作り目数を偶数模様にする…メビウスのセンターから、
上下同じタイミングで模様の表裏が現れる

作り目

作り目数を奇数模様にする…メビウスのセンターから、
上下半模様ずれて模様の表裏が現れる

A 棒針1本

作り目をするときに、輪針と同じ太さの棒針1本を使用する

B 編み針ゲージ

棒針をゲージの穴に通すと号数がわかる

C 段かぞえマーカー

編み始めと終わりの境がわからなくならないよう、段の始めにつける

D はさみ

よく切れる刃先のとがった手芸用はさみがおすすめ

E 輪針1本

長いスヌードは120〜150cmの輪針を、短いスヌードは80〜100cmの輪針を使用する

1

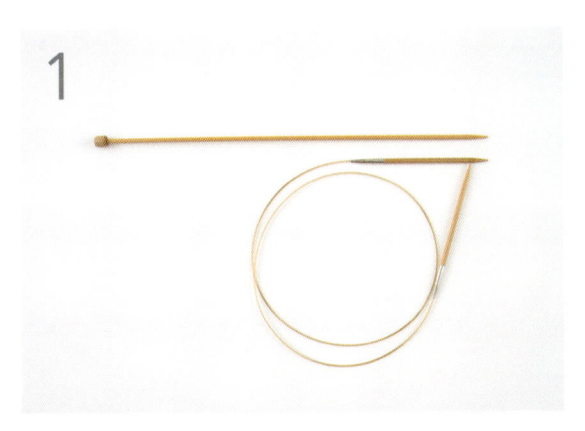

同じ太さの輪針1本と棒針1本を用意します。

2

スリップノット

編みたい長さの5倍の糸を残したところに、スリップノットを作って輪針にかけます。（1目め）

3

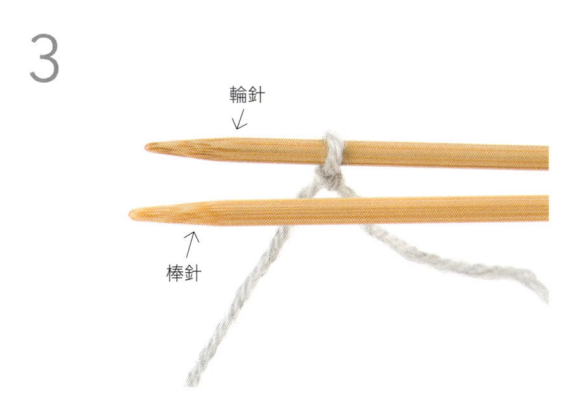

輪針の下に棒針を添えて持ちます。

4

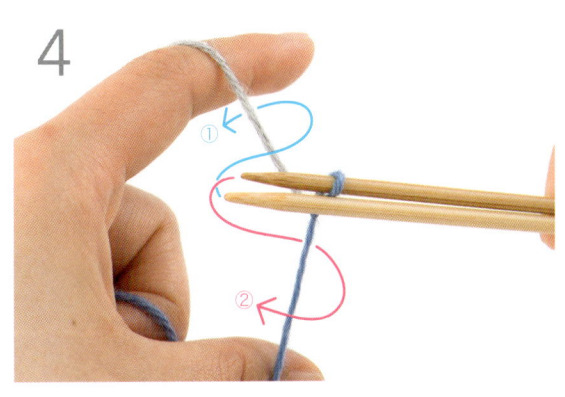

残した糸（以降ブルーに変更）を親指側に、糸玉の糸（グレー）を人さし指にかけ、矢印のように針を動かし、棒針に糸をかけます。

5

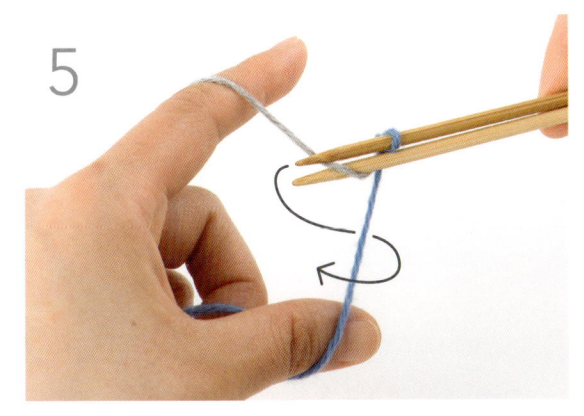

棒針に1目できました。次に矢印のように針を動かし、輪針に糸をかけます。

6

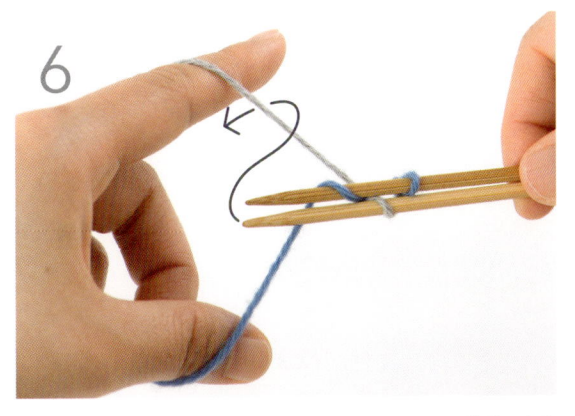

輪針に1目できました。次に矢印のように針を動かし、棒針に糸をかけます。

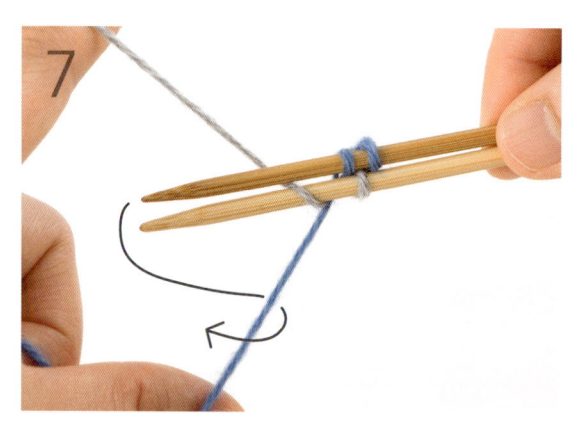

7

矢印のように針を動かし、輪針に1目、

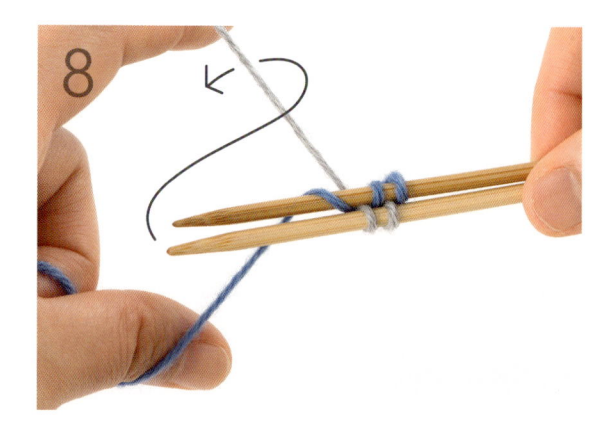

8

棒針に1目。輪針と棒針、交互に糸をかけていきます。これをくり返します。

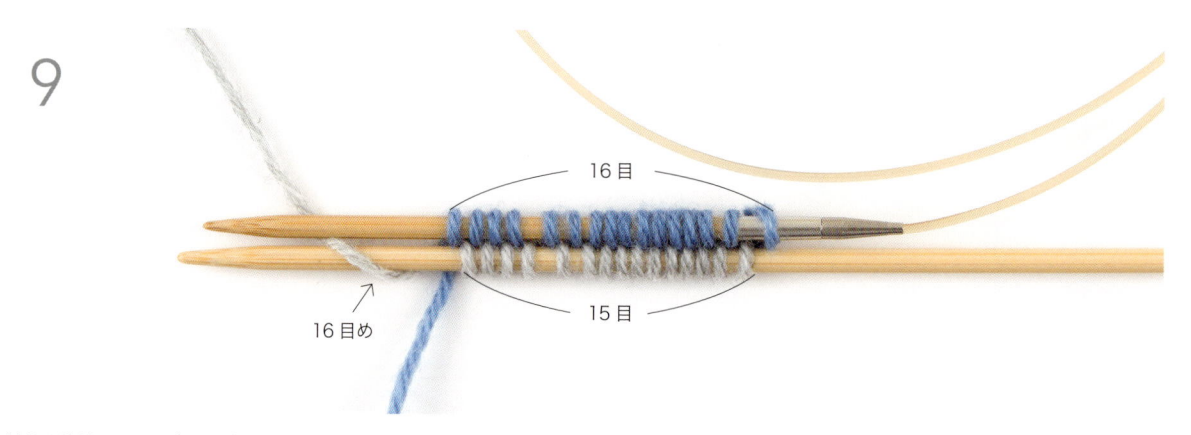

9

16目

16目め

15目

輪針と棒針に16目ずつ糸がかかりました。輪針には残した糸、棒針には糸玉の糸をかけていきます。

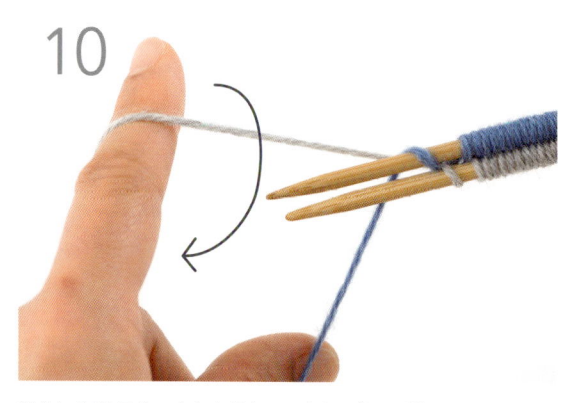

10

輪針に120目めの糸をかけたら、人さし指を手前にまわして指で輪を作ります。

11

棒針の最後の目は、人さし指の輪に矢印のように棒針を入れます。

12

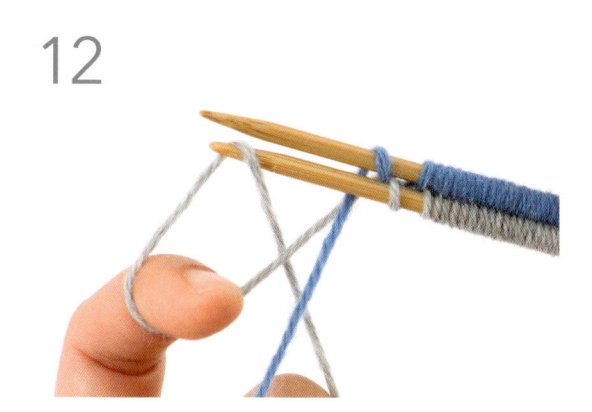

棒針に輪をかけて人さし指を輪から抜きます。

13

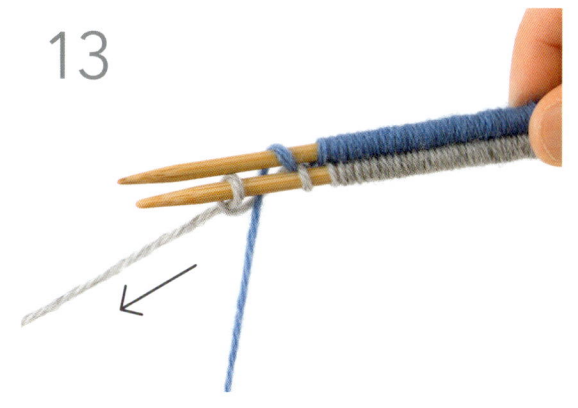

最後の目がほどけないように糸を引いてしめます。棒針に120目めの糸がかかりました。

14

表

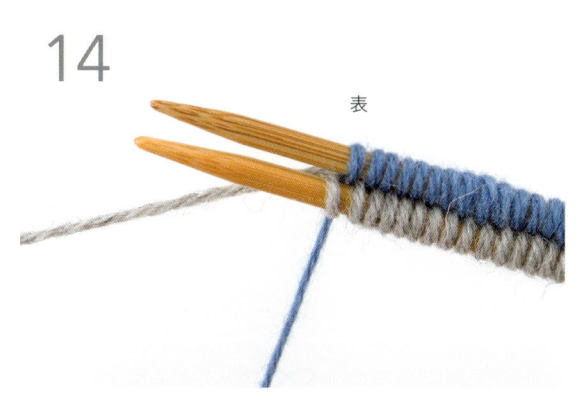

作り目の表側。輪針には残した糸（ブルー）、棒針には糸玉の糸（グレー）が、きれいに分かれてかかります。

15

裏

作り目の裏側。残した糸と糸玉の糸が絡んで裏コブのようなものができます。

16

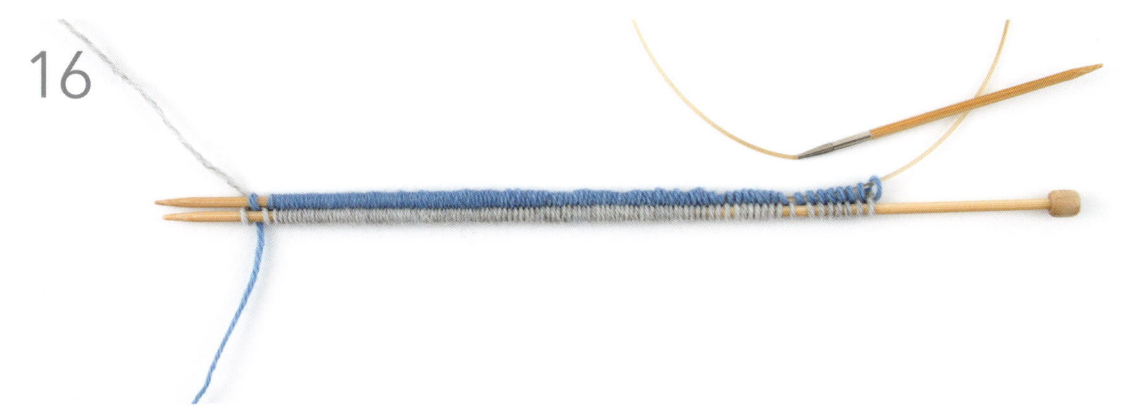

作り目ができました。輪針と棒針に、それぞれ120目ずつ目ができました。

1

指定目数の作り目ができました。残した糸（ブルー）がかかる輪針の針先をA、もう一方をBとします。

2

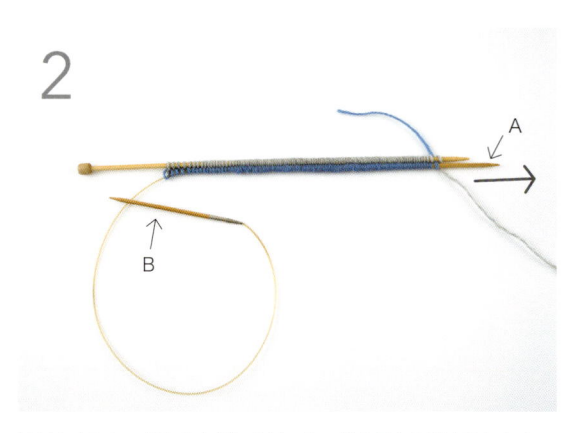

棒針を上にして針先を右側に向け、Aの針を目から引き出します。

3

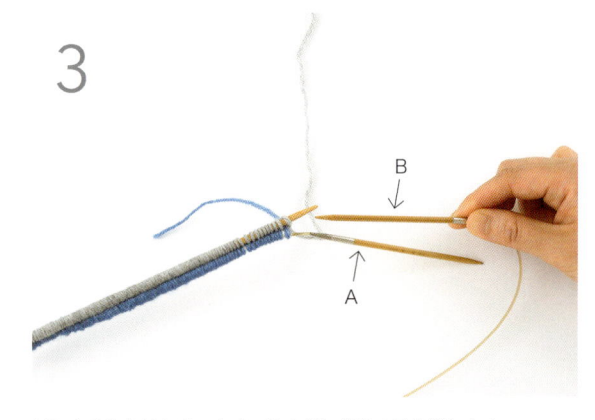

目にゆるみを持たせておき、Bの針に棒針の目を移します。

4

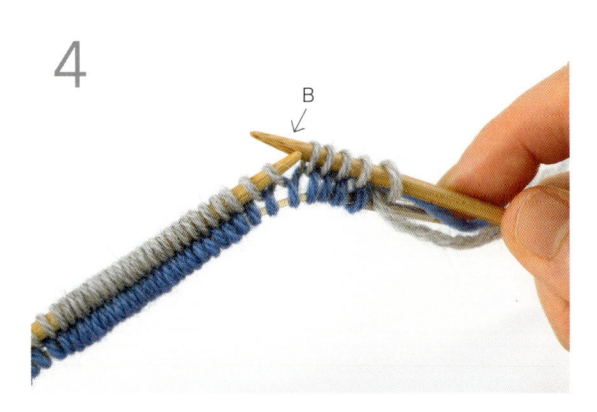

目の向きを変えないように注意しながら移します。

5

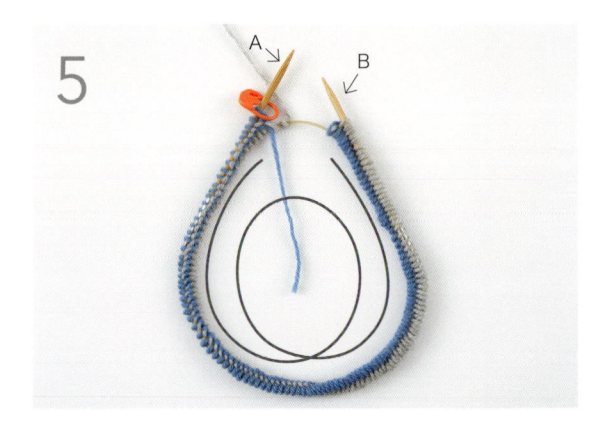

棒針の目をBの針に移すと、輪針に目が二重にかかった状態になります。Aの針に段かぞえマーカー（以降マーカー）を入れます。

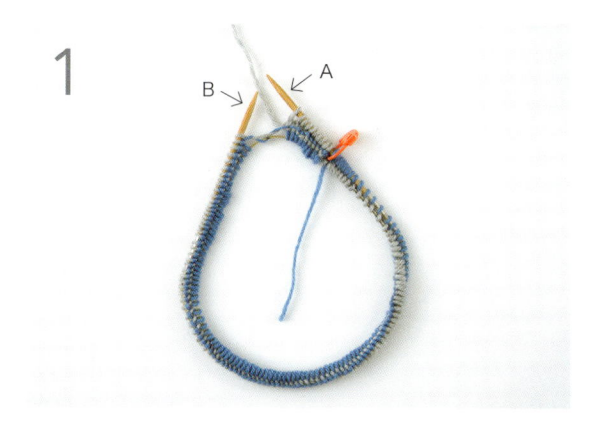

1

A の針を右に持ち、B の針に移した棒針の目（グレー）を記号図の
1段めから編んでいきます。

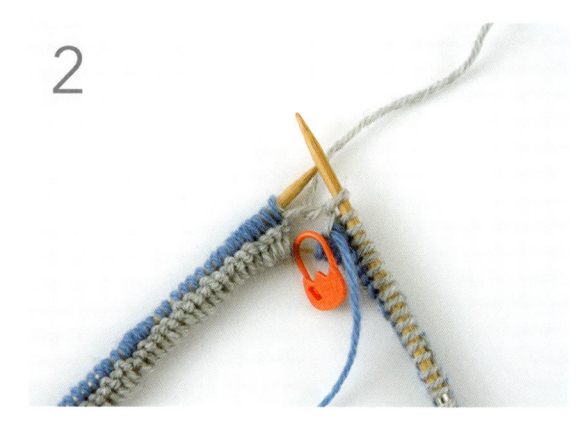

2

作り目を半分編んだところ。マーカーは輪針のコードに移動してい
ます。

3

続けて A の針に作った目（ブルー）を編んでいきます。

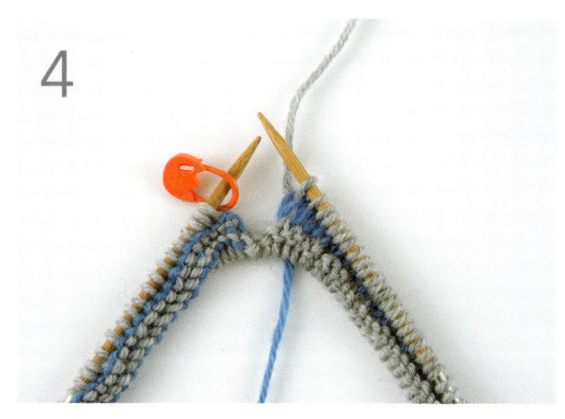

4

マーカーの位置まできたところ。1段めが編めました。

5

3段編めたところ。編み地がメビウスになっているのがわかります。

6

編み始めの糸端は目のつながりに注意して、穴が開かないように糸
始末します。

デザインや模様に合わせて、編み終わりの目の止め方を選びましょう。

■ アイスランディック キャストオフ
Islandic Cast off

表から見ても、裏から見ても裏目のように見える目の止め方です。
ガーター編みや裏目がベースの編み地に使います。
※写真ではわかりやすいように糸の色をかえています

1 表目を1目編みます。

2 編んだ目を左針に移します。

3 移した目の中に針を入れ、次の目を引き出します。

4 引き出した目に表目を編みます。

5

2目を左針からはずします。

6

編んだ目を左針に移します。

7

同様に移した目の中から次の目を引き出します。

8

糸をかけて表目を編み、2目を左針からはずします。

9

編んだ目を左針に移します。6〜8をくり返します。

10

アイスランディック キャストオフができました。

アイコード キャストオフ
I-Cord Cast off

目を止めながらアイコードを編みます。
編み地の端（編み終わり側）が厚く、パイピングをしたような縁になります。
※写真ではわかりやすいように糸の色をかえています

1 スヌードの編み終わりに続けて巻き目で目を作ります。

2 1目めができました。さらに針に糸を巻きつけていきます。

3 指定の目数（ここでは4目）を作ります。

4 左針に目を移します。目の向きが変わらないように注意します。

5

表目を編みます。

6

最後の1目とスヌードの最終段の目に矢印のように針を入れます。

7

2目一度に編みます。

8

スヌードの最終段の目を1目止めました。4目を左針に移します。

9

5〜8をくり返します。

10

アイコード キャストオフができました。編み始めと終わりはメリヤスはぎでつなぎます。

イラスティック キャストオフ
Elastic Cast off

伸縮性のある目の止め方です。ゴム編みのような、伸び縮みする編み地の目を止めるときにとても便利です。
※写真ではわかりやすいように糸の色をかえています

表目を2目編みます。

編んだ2目を左針に移します。

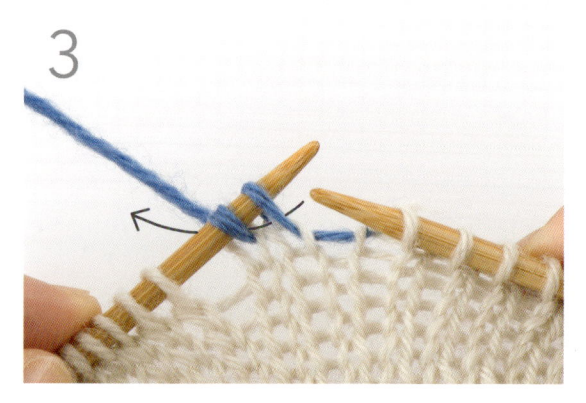

ループの向こう側を拾うように、2目一緒に針を入れます。

糸をかけて引き出します。

5

ねじり目の2目一度になります。次の目を表目で編みます。

6

2ループに左針を入れます。

7

そのまま糸をかけて引き出し、2目一度に編みます。

8

5〜7をくり返します。

9

イラスティック キャストオフができました。同じ目を2回ずつ編むことで、伸縮性のある止めになります。

キッチナー ステッチ ※輪の1目ゴム編み止め
Kitchner Stitch

Kitchener Stitch ＝「メリヤスはぎ」メリヤスのように見える止め方のことです。輪の1目ゴム編み止めをすることで、メリヤスが続いているように見えます。

※写真ではわかりやすいように糸の色をかえています

①、③、⑤の引き上げ目は引き上げている糸と一緒に針を入れていきます。

とじ針に編み終わりの糸端を通します。①の目の向こうから手前に針を入れます。

①の目を左針からはずします。②の目の手前から向こうに針を入れます。

①の目の手前から針を入れ、③の目の向こうから手前に出します。

5

②の目の向こうから針を入れ、④の目の向こうに出します。②、③の目を左針からはずします。

6

4 と同様に、③の目の手前から針を入れ、⑤の目の向こうから手前に出します。

7

4,5 をくり返し、表目と表目、裏目と裏目に針を入れていきます。

8

編み終わり側です。②の手前から針を入れ、①（最初の目）の手前に出します。

9

①の向こうから針を入れ、②の向こうに出し、糸を引きます。

10

編み始めと終わりがつながりました。キッチナー ステッチができました。

■ エジング
Edging

エジング（縁編み）を編みながら目を止めていきます。2段編んで1目止めるので「本体の目数＝エジングの1模様の倍数の段数＋作り目の段」になるようにします。編み始めは棒針に作る作り目で左針に必要目数を作ります。

※写真ではわかりやすいように糸の色をかえています

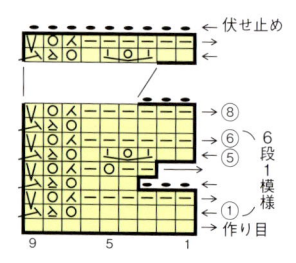

□＝囗

Ⅴ＝すべり目

O＝かけ目

人＝左上2目一度（裏から編むときは裏目の左上2目一度）

ⅬOⅬ＝3目の編み出し増し目

入＝裏目の右上2目一度

人＝本体の29段めの目と右上2目一度（ねじり目になる）

最初の目に針を入れ糸をかけて引き出し、矢印のように左針を入れます。

1目できました。作った目の中から、さらに糸を引き出します。

引き出した目を左針にかけます。2、3をくり返して指定の目数（ここでは9目）を作ります。

4

2段め。記号図通りに8目編みました。エジングの1目とスヌード
の最終段の目に矢印のように針を入れます。

5

糸をかけて引き出し、右上2目一度を編みます。

6

スヌードの最終段の目と縁編みの端の目がつながりました。

7

エジングを裏に返します。端の目はすべり目です。

8

スヌードの最終段の目と縁編みの端の目を2目一度にしながら、記
号図通りに編み進みます。

9

編み始めと終わりの目はメリヤスはぎでつなぎます。※実際には渡
り糸が見えないくらいに糸を引く

アスターステッチ
Aster Stitch

※写真ではわかりやすいように糸の色をかえています

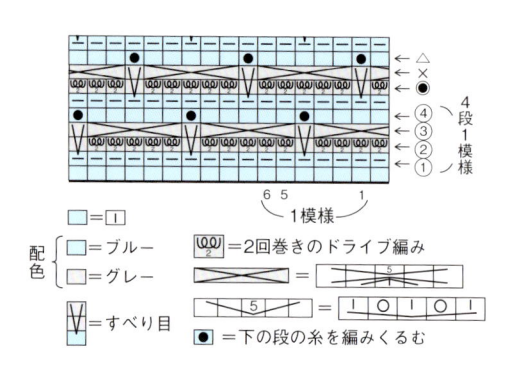

配色 {
□ = ☐
■ = ブルー
□ = グレー
☑ = すべり目

☑ = 2回巻きのドライブ編み
☒ = ☐
● = 下の段の糸を編みくるむ

●の段。「すべり目1・2回巻きのドライブ編み5」をくり返します。
すべり目位置で矢印のように右針を入れて目を移します。

すべり目にします。

次の目に針を入れて糸を2回巻きつけます。(2回巻きのドライブ編み)

ドライブ編みを5目編みました。次の目はすべり目にします。

×の段。前段のすべり目はすべり目にし、ドライブ編みに右針を入れて目を伸ばします。

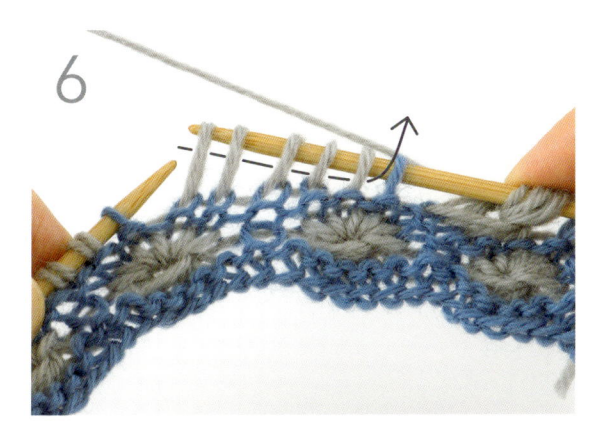

6

ドライブ編み 5 目を左針に移します。

7

矢印のように右針を 5 目に入れます。

8

左針はそのままで、5 目から表目、かけ目、表目、かけ目、表目、と編んで左針をはずします。

9

5 目一度から 5 目編み出す

5〜8 をくり返して編み進めます。

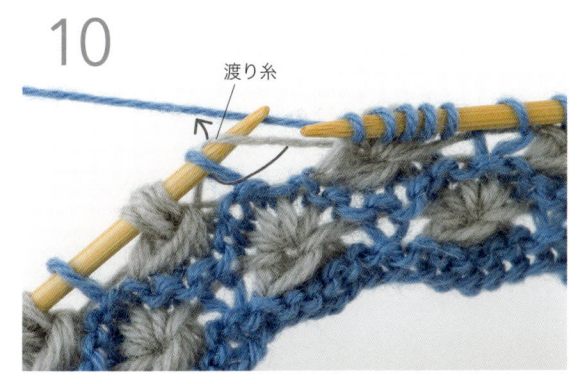

10

渡り糸

△の段。裏に渡る糸を左針にかけて引き上げ、前段のすべり目と一緒に編みます。

11

前段の渡り糸をはさむように編みます（記号図の●）。アスターステッチができました。

ボタンホールステッチ
Button Hole Stitch

※写真ではわかりやすいように糸の色をかえています

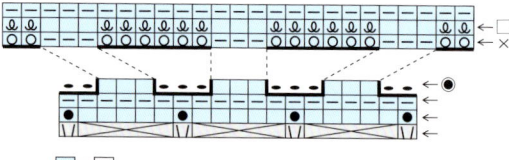

☐ = I

⚉ = ねじり目

〇 = かけ目

1

●の段。3目表目、3目伏せ目をくり返して編みます。

2

かけ目×6目

×の段。伏せ目の位置で6目かけ目をします。

3

□の段。前段のかけ目に矢印のように針を入れ、ねじり目を編みます。

4

ねじり目×6目

ねじり目が6目編めました。ボタンホールステッチができました。

ドロップリブ
Drop Rib

※写真ではわかりやすいように糸の色をかえています

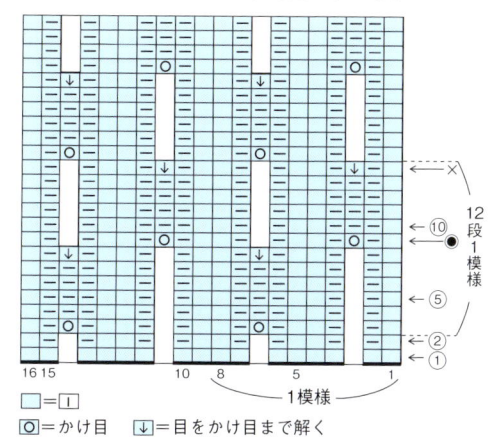

← × 12段1模様

← ⑩
← ⑤
← ②
← ①

16 15　　　10　8　　5　　　1

←1模様→

□=|

回=かけ目　　↓=目をかけ目まで解く

1

かけ目

●の段。記号図の位置でかけ目を編みます。目が増えます。

2

はずす

×の段。↓の位置で目を針からはずします。

3

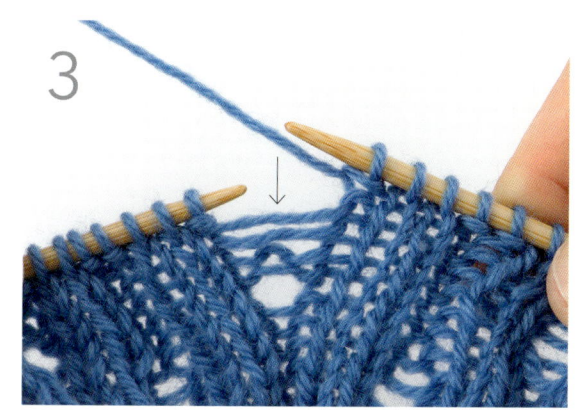

●の段まで編み目がほどけます。

4

ドロップリブができました。そのまま次の目を編みます。

ウエーブブリオッシュ
Wave Brioche

ブリオッシュの模様は、始めに少し練習が必要です。練習のために、まずはほどきやすい糸で編んでみるのがいいですね。一見複雑そうに見えますが、規則性を理解すれば、どんどん編み進めたくなる模様です。配色糸はコントラストの強い組み合わせほどおもしろいから、色だけじゃなく素材違いもおすすめ。いろいろ試して、自分好みのブリオッシュを編んでください。

表

裏

使用糸
上：パピー プリンセスアニー オフホワイト（547）× レッチェ オレンジ・イエロー・ブルーミックス（411）
中：パピー プリンセスアニー チャコールグレー（519）× ベビーブルー（534）
下：パピー プリンセスアニー チャコールブラウン（561）× キッドモヘアファイン グレージュ（54）※ 2 本どり

ブリオッシュパターン
Brioche Pattern

※写真ではわかりやすいように糸の色をかえています

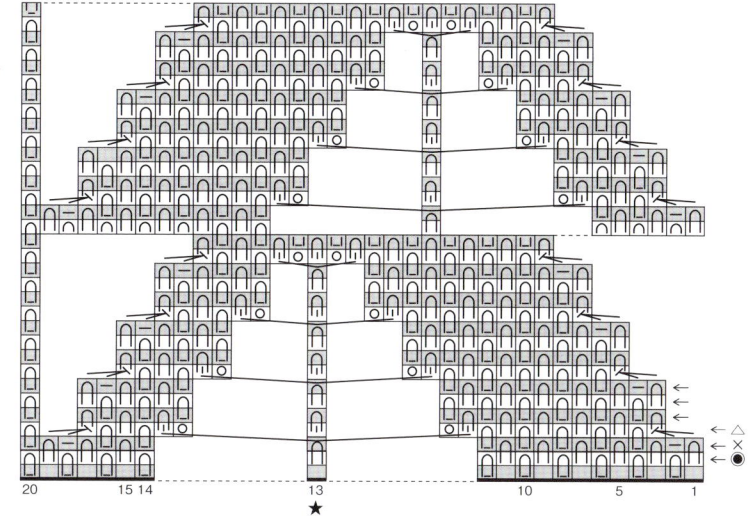

引き上げ目	
=左上3め一度	
=右上3目一度	
=1目から5目編み出す	

配色 { =グレー / =生成り }

□ □ =Ⅰ

20　15 14　13★　10　5　1

●の段。生成りの糸で編みます。裏目は引き上げます。
引き上げ目

表目は前段の引き上げ目と一緒に編みます。
表目

1,2をくり返して編みます。

×の段。グレーの糸で編みます。表目は引き上げます
引き上げ目

5

裏目

裏目は前段の引き上げ目と一緒に編みます。

6

表　　　　　　　裏

1段ごとに色を替えて編むと、表は生成り、裏はグレーで編まれていきます。

7

③　②　①

△の段の左上3目一度です。①の目が手前になるように、①と②の目を入れ替えます。

8

入れ替えた目

矢印のように右針を入れて一度に表目を編みます。

9

左上3目一度が編めました。

10

p.51記号図の★の1目に表目、かけ目、表目、かけ目、表目と編みます。

11

左針をはずします。★の1目から5目編み出しました。

12

△の段の右上3目一度です。①の目を編むように右針を入れてはずします。

13

矢印のように右針を入れて②と③の目を左上2目一度に編みます。

14

かぶせる

①の目を②と③の目の左上2目一度した目にかぶせます。

15

右上3目一度が編めました。

ブリオッシュ編みのリブが規則正しくウエーブしていきます。

編み込み
Fair Isle

同じ記号図で編んだ編み地ですが、選ぶ色とその配色の加減で現れる模様が違って見えるから不思議です。裏もきれいに見せたいので、渡り糸が絡んだり、つれたり、ゆるんだりしないように気をつけます。

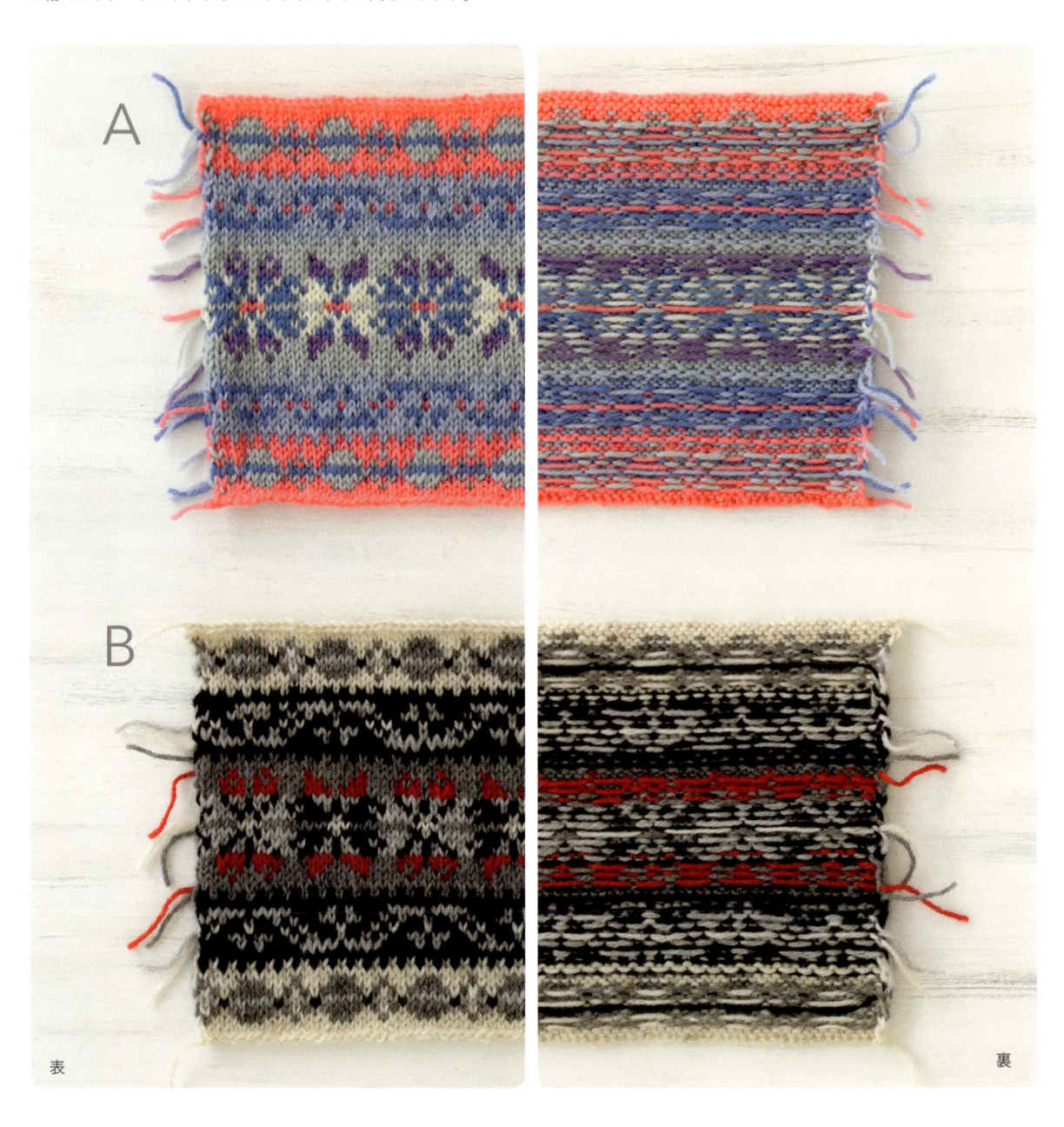

表　　　　　　　　　　　　　　　　　　　　　　　　　　裏

A：明るいブルー系のグラデーションに、元気なピンクが飛び出すようなポップな配色
B：クールな無彩色のベースに赤をほんの少し効かせて、洗練されたモノトーン配色
使用糸　ハマナカ リッチモア パーセント

記号図 A

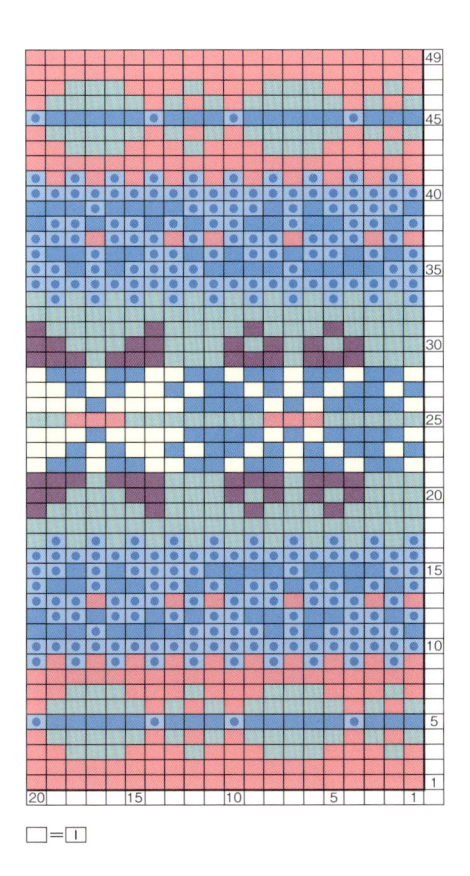

□=□

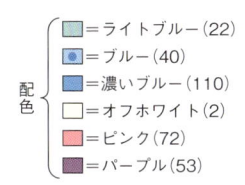

配色
- ■=ライトブルー(22)
- ●=ブルー(40)
- ■=濃いブルー(110)
- □=オフホワイト(2)
- ■=ピンク(72)
- ■=パープル(53)

記号図 B

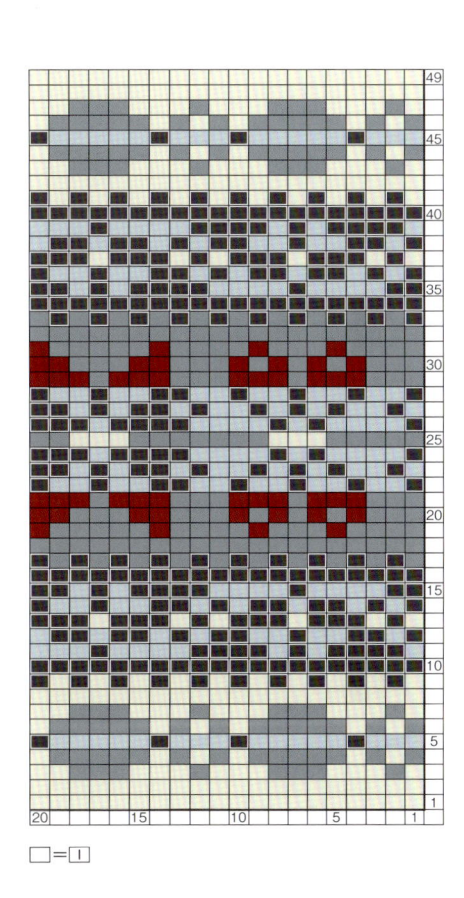

□=□

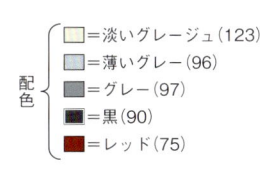

配色
- □=淡いグレージュ(123)
- ■=薄いグレー(96)
- ■=グレー(97)
- ■=黒(90)
- ■=レッド(75)

透かし模様
Lacy Pattern

A：大きな穴がユニークなボタンホールステッチ模様。表目と裏目を3段ごとにくり返して編むので、立体感のあるユニークな表情に
使用糸　パピー レッチェ ブルー・ピンクミックス（412）

B：かけ目と2目一度で表目と裏目のダイヤ柄が互い違いに現れます。コットン100%のテープヤーンが涼しげです
使用糸　パピー アラビス グレイッシュブルー（1704）

C：透かし模様と交差の組み合わせで、バスケット状の編み目に三角の穴が空いたような、奥行きのある模様になります
使用糸　ハマナカ リッチモア パーセント ピーコックグリーン（34）

記号図 A

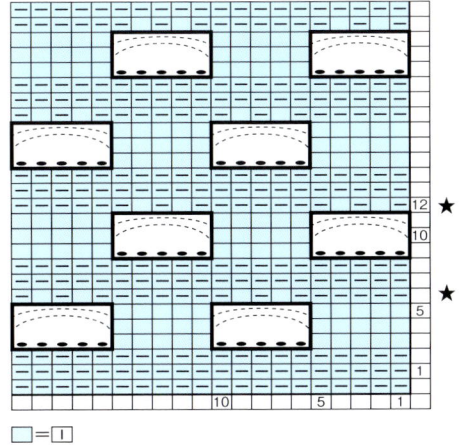

□＝□

⌒⌒⌒＝編まないで糸を渡す（★の段で編みくるむ）

記号図 B

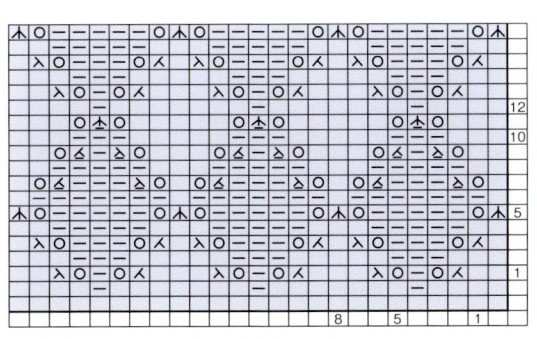

□＝□　　　　　　囚＝中上3目一度
囚＝左上2目一度　　⅍＝裏目の右上2目一度
囚＝右上2目一度　　⅍＝裏目の左上2目一度
回＝かけ目　　　　　⅍＝裏目の中上3目一度

記号図 C

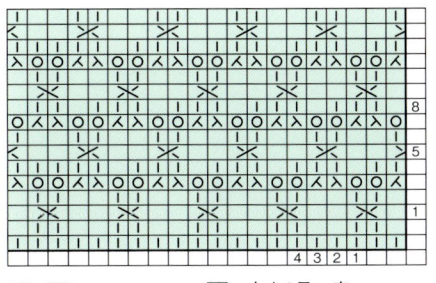

□＝□　　　　　　囚＝左上2目一度
⊠＝右上1目交差　　囚＝右上2目一度
⊠＝左上1目交差　　回＝かけ目

地模様
Geometric Pattern

A：表目と裏目の小さい市松模様に、目通しノットでアクセント。四角いブロックが丸みのある模様に変化します
使用糸　ハマナカ リッチモア パーセント レンガ色（118）
B：記号図は裏目ベースにピンクの「V」柄が表、裏はドット柄。全然違うけど、どちらも見せたい模様です
使用糸　パピー プリンセスアニー チャコールブラウン（561）× キッドモヘアファイン ピンク（5）※2本どり
C：2目リブと2段ごとのガーターの模様。作り目の上下模様が互い違いになるように、奇数模様数で作り目をしましょう
使用糸　パピー ブリティッシュファイン マスタード（065）

記号図 A

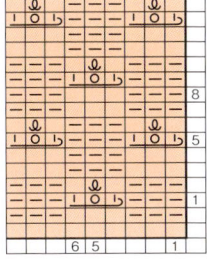

■ =□=□

|ー○ー| =左目に通すノット

|Ω| =ねじり目

記号図 B

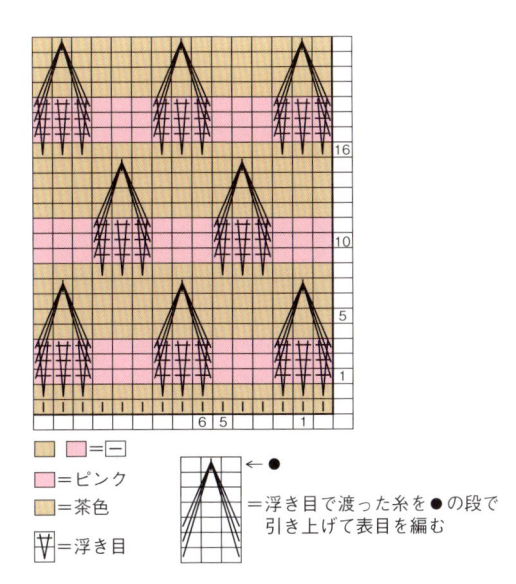

■ ■ =□=ー

■ =ピンク

■ =茶色

|ＶＷ| =浮き目

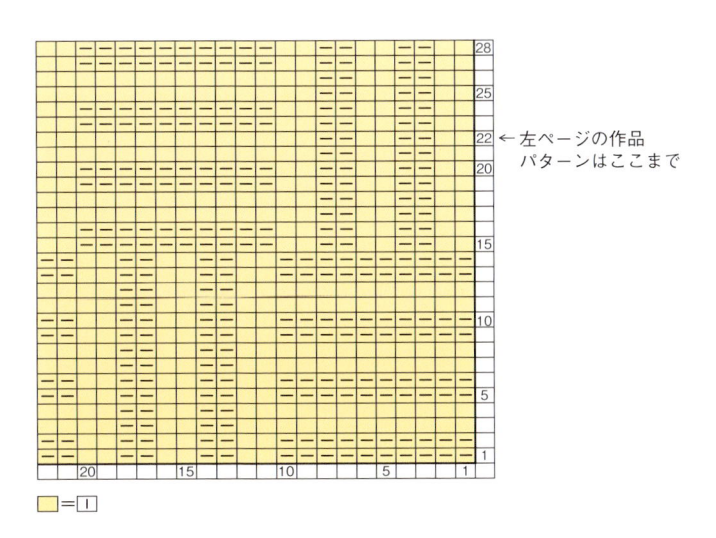

=浮き目で渡った糸を●の段で
引き上げて表目を編む

記号図 C

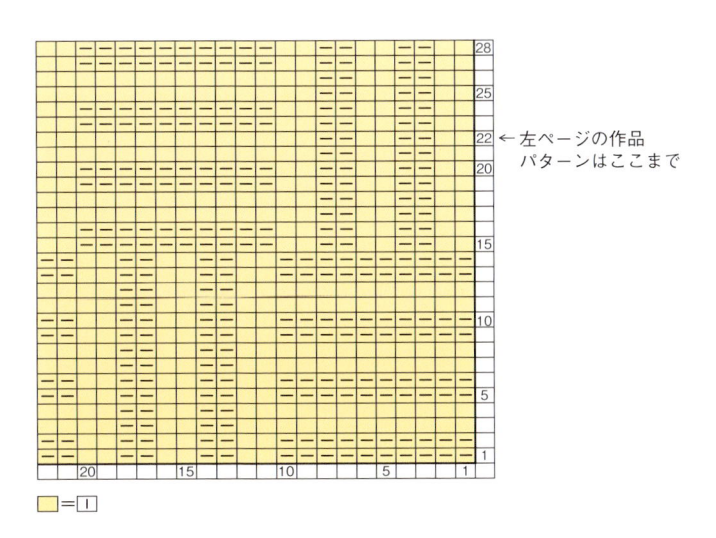

■ =□=□

28
25
22 ← 左ページの作品
20　パターンはここまで
15
10
5
1

20　　15　　10　　5　　1

■ エジング
Edging

A：ナローエジング（Narrow Edging）　どんな作品にも合わせやすい、はしごレースと小さなフリルのエジング
B：ヴァンディケエジング（Vandyke Edging）　編み応えのある大柄のジグザグウェーブ
使用糸　ハマナカ リッチモア パーセント／エジングパターン レッスン　p.44

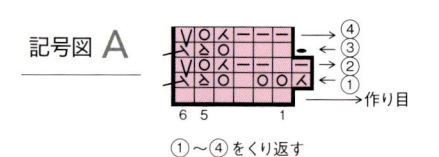

記号図 A

①〜④をくり返す

□ = ☐
─ = 裏目
⋋ = 右上2目一度
⋌ = 左上2目一度（裏から編むときは裏目の左上2目一度）
Ⅴ = すべり目
• = 伏せ止め
⋋ = 裏目の右上2目一度
○ = かけ目

記号図 B

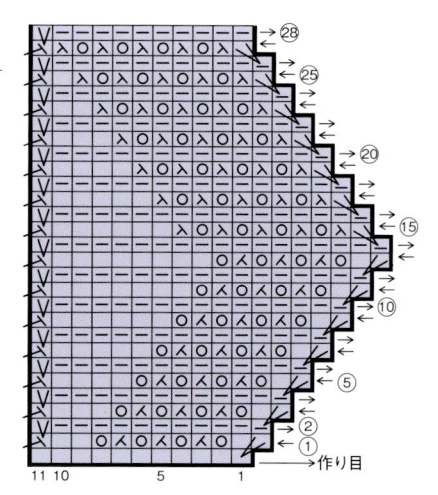

①〜28をくり返す

C：ブランドアイロンレースエジング（Brand Iron Lace Edging）　ほどよいバランスのジグザグエジング

D：オークリーフエジング（Oak Leaf Edging）　切れ込みの深い、トゲトゲフリルが印象的

記号図 C

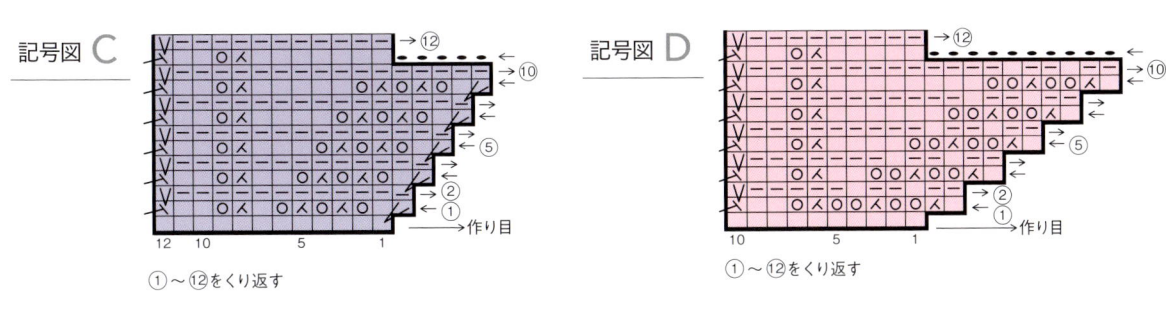

①〜⑫をくり返す

記号図 D

①〜⑫をくり返す

□ ＝ ｜

－ ＝裏目

＝右上2目一度

＝左上2目一度

Ｖ ＝すべり目

・＝伏せ止め

回 ＝かけ目

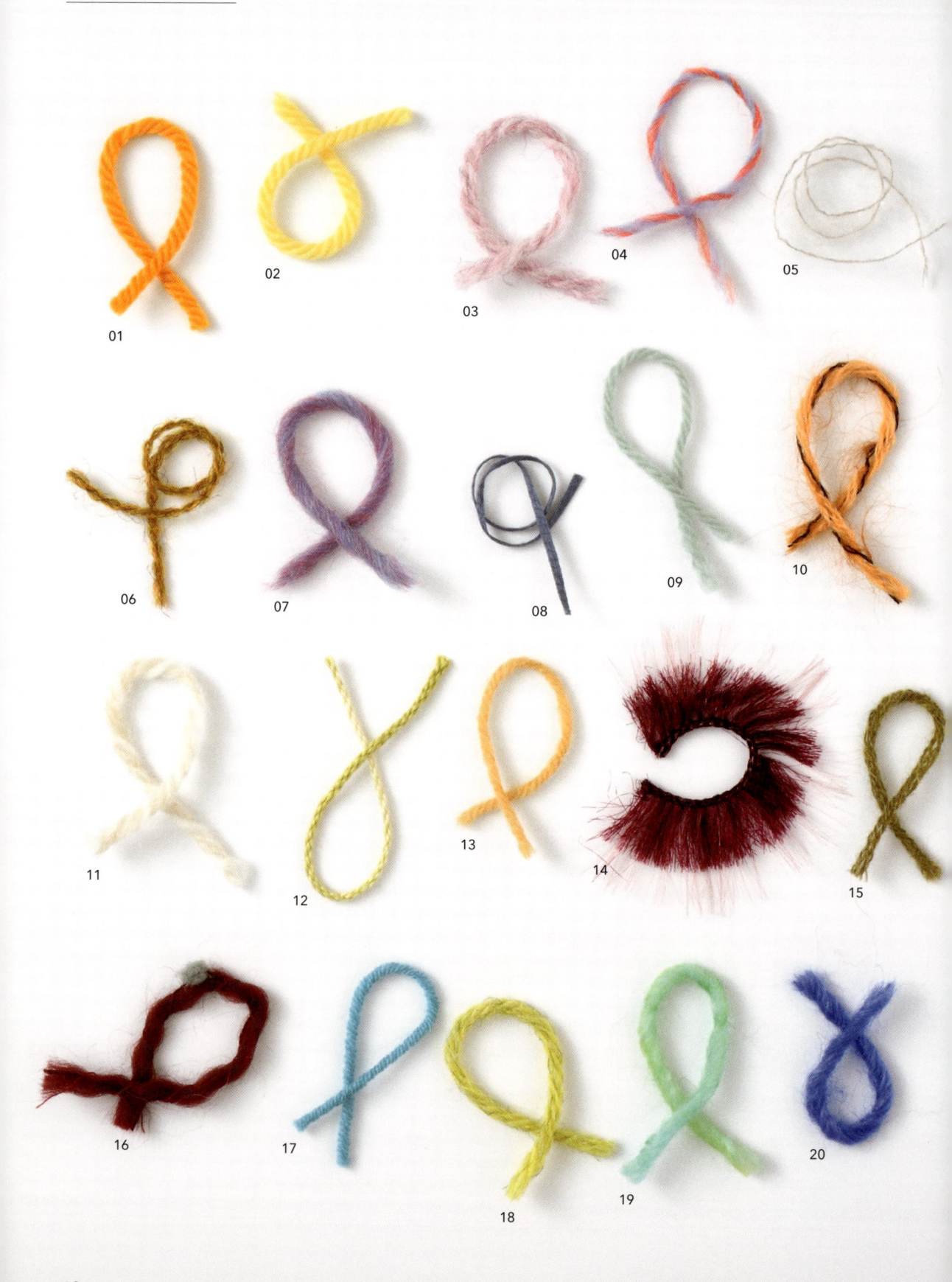

	糸名	品質	仕立て	糸長	糸のタイプ	使用針の号数
01	パピー プリンセスアニー	ウール 100%（防縮加工）	40g 玉巻	約112m	合太	5～7号
02	パピー クイーンアニー	ウール 100%	50g 玉巻	約97m	並太	6～7号
03	パピー ブリティッシュエロイカ	ウール 100%（英国羊毛 50%以上使用）	50g 巻	約83m	極太	8～10号
04	パピー レッチェ	ウール 90% モヘヤ 10%	40g 玉巻	約160m	中細	4～6号
05	パピー キッドモヘアファイン	モヘヤ 79%（スーパーキッドモヘヤ使用）ナイロン 21%	25g 玉巻	約225m	極細	1～3号
06	パピー ブリティッシュファイン	ウール 100%	25g 玉巻	約116m	中細	3～5号
07	パピー ミュルティコ	ウール 75% モヘヤ 25%	40g 玉巻	約80m	並太	8～10号
08	パピー アラビス	コットン 100%	40g 玉巻	約165m	中細	4～6号
09	ハマナカ リッチモア パーセント	ウール 100%	40g 玉巻	約120 m	合太	5～7号
10	ハマナカ リッチモア バカラ・エポック	アルパカ 33% ウール 33% モヘヤ 24% ナイロン 10%	40g 玉巻	約80m	並太	7～8号
11	ハマナカ アランツィード	ウール 90% アルパカ 10%	40g 玉巻	約82m	並太	8～10号
12	ハマナカ ウオッシュコットン《グラデーション》	綿 64% ポリエステル 36%	40g 玉巻	約102m	並太	5～6号
13	ハマナカ ランタナ	ウール 100%	300g 玉巻	約1200m	中細	3号
14	ハマナカ ルーポ	レーヨン 65% ポリエステル 35%	40g 玉巻	約38m	極太	10～12号
15	DARUMA 空気をまぜて糸にしたウールアルパカ	ウール（メリノ）80% アルパカ（ロイヤルベビーアルパカ）20%	30g 玉巻	約100m	合太	5～7号
16	DARUMA ポンポンウール	ウール 99% ポリエステル 1%	30g 玉巻	約42m	極太	10～11号
17	スキー タスマニアンポロワース	ウール（タスマニアンポロワース）100%	40g 玉巻	約134m	合太	4～6号
18	スキー UK ブレンドメランジ	ウール（英国羊毛 50%）100%	40g 玉巻	約70m	極太	8～10号
19	ヤナギヤーン ブルーム メロディ	ウール 80% シルク 20%（手染め）	50g かせ	約115m	並太	6～8号
20	ヤナギヤーン ブルーム	ウール 80% シルク 20%	50g かせ	約115m	並太	6～8号

01～08　株式会社ダイドーフォワード　パピー事業部
東京都千代田区外神田 3-1-16 ダイドーリミテッドビル 3 階　TEL03-3257-7135
http://www.puppyarn.com

09～14　ハマナカ株式会社
京都市右京区花園薮ノ下町 2 番地の 3　TEL075-463-5151
http://www.hamanaka.co.jp
http://www.richmore.jp

15,16　横田株式会社・DARUMA
大阪市中央区南久宝寺町 2-5-14　TEL06-6251-2183
http://www.daruma-ito.co.jp/

17,18　株式会社元廣
東京都中央区日本橋浜町 2 丁目 38 番地 9 浜町 TSK ビル 7 階　TEL03-3663-2151
https://www.skiyarn.com/

19,20　株式会社柳屋
岐阜県岐阜市西荘 4-5-6　TEL058-201-4444　https://www.yanagi-ya.jp/

糸に関するお問い合わせは各メーカーまでお願いします。

〈編み込み模様（スヌード）〉

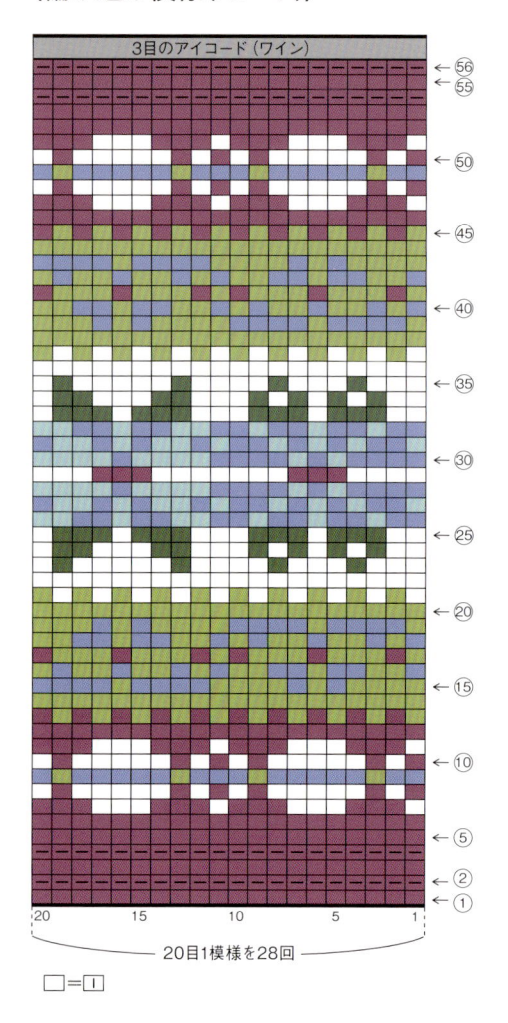

3目のアイコード（ワイン）

← 56
← 55
← 50
← 45
← 40
← 35
← 30
← 25
← 20
← 15
← 10
← 5
← 2
← 1

20　15　10　5　1

20目1模様を28回

□=☐

〈編み込み模様（帽子）〉

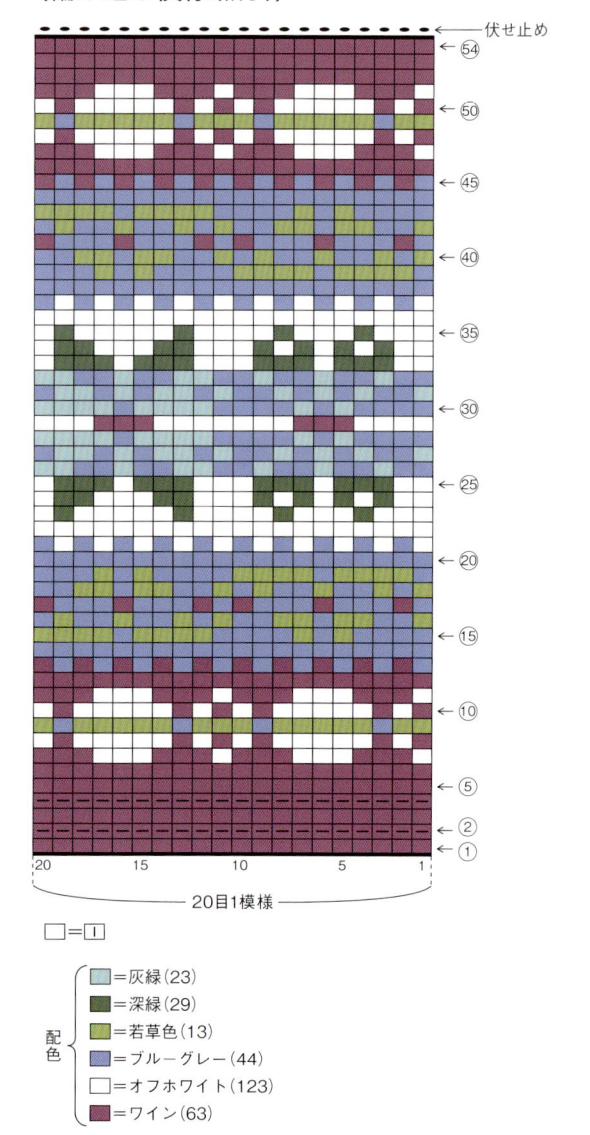

← 伏せ止め
← 54
← 50
← 45
← 40
← 35
← 30
← 25
← 20
← 15
← 10
← 5
← 2
← 1

20　15　10　5　1

20目1模様

□=☐

配色
=灰緑（23）
=深緑（29）
=若草色（13）
=ブルーグレー（44）
=オフホワイト（123）
=ワイン（63）

■材料

ハマナカ リッチモア パーセント［スヌード／帽子］ワイン（63）65g／20g、ブルーグレー（44）35g／15g、オフホワイト（123）55g／15g、若草色（13）45g／10g、灰緑（23）・深緑（29）各15g／各少々。
用具 ［スヌード］輪針（120〜150cm）5号・棒針5号1本。
［帽子］輪針（40cm）5号。

■できあがり寸法

［スヌード］幅37cm、長さ110cm。
［帽子］頭回り48cm、深さ17cm。

■ゲージ

10cm平方で編み込み模様25目・32段。

■編み方

［スヌード］輪針と棒針を使ってそれぞれに280目、全体で560目の作り目をして編み始める。記号図を参照して1段めから全目で56段まで編み、編み終わりは休み目にし、3目のアイコードキャストオフ（p.38参照）にする。
［帽子］指でかける作り目で120目作り、記号図を参照して編み込み模様で54段まで編み、次の段はトップになる32目を残して伏せ止めにする。トップ部分は往復編みで30段編み、編み終わりは伏せ止めにする。まとめ方を参照して引き抜きはぎで合わせる。

〈スヌード〉

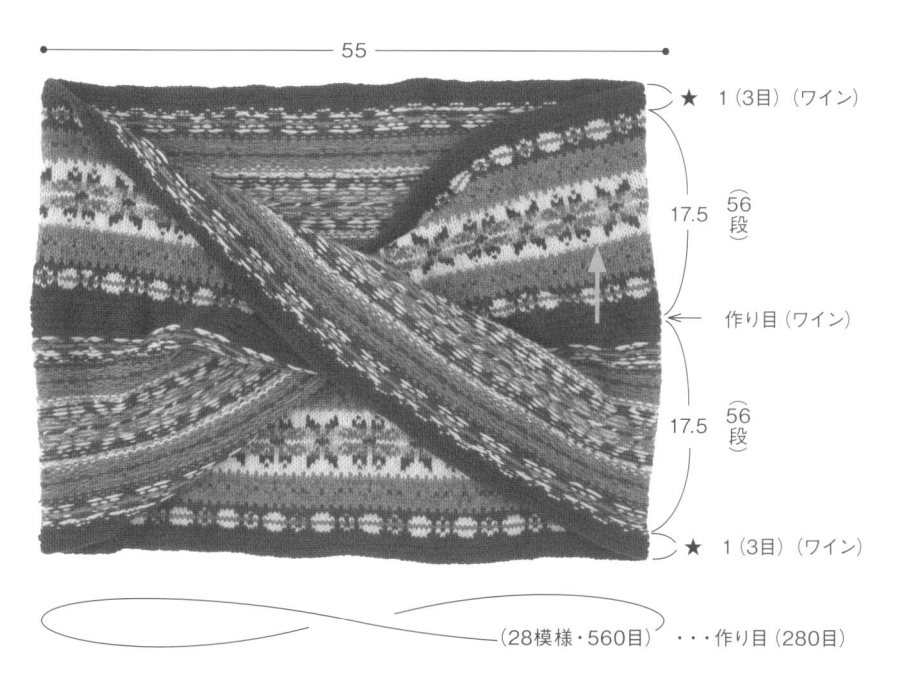

55

★ 1（3目）（ワイン）

17.5 56段

作り目（ワイン）

17.5 56段

★ 1（3目）（ワイン）

（28模様・560目）・・・作り目（280目）

★編み終わりはアイコードキャストオフp.38参照

〈帽子〉

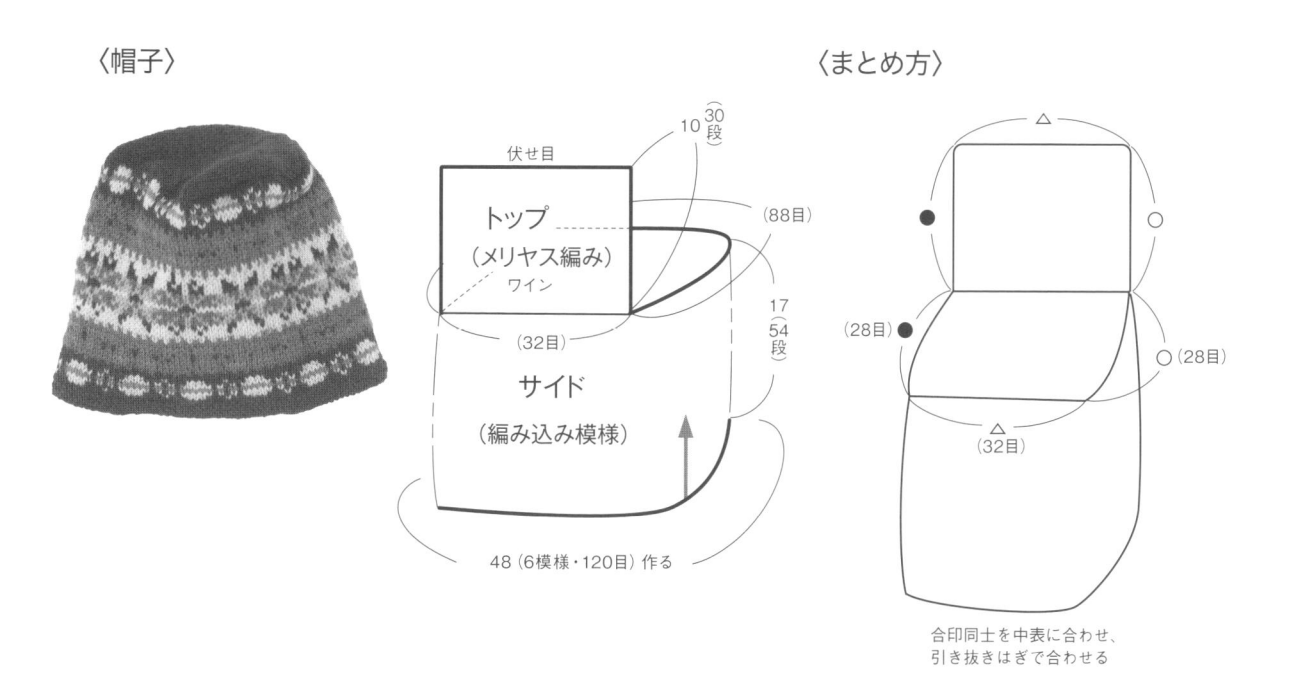

伏せ目

10 30段

トップ
（メリヤス編み）
ワイン

（88目）

（32目）

17
54段

サイド
（編み込み模様）

48（6模様・120目）作る

〈まとめ方〉

△

●

○

（28目）●

○（28目）

△

（32目）

合印同士を中表に合わせ、
引き抜きはぎで合わせる

〈模様編み〉

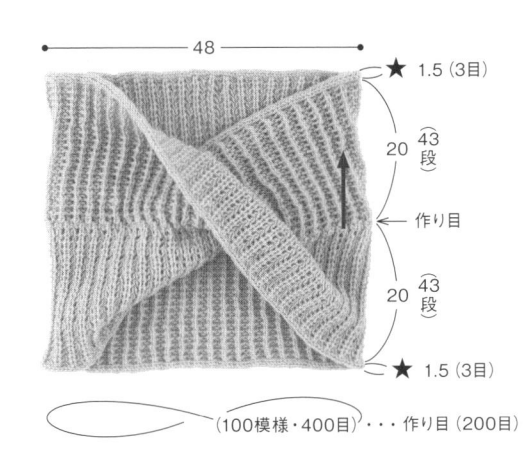

48

★ 1.5（3目）
20 ㊸段
作り目
20 ㊸段
★ 1.5（3目）

（100模様・400目）・・・作り目（200目）

★編み終わりはアイコードキャストオフp.38参照

3目のアイコード

← ㊸
← ㊵
← ㉟
← ㉚
← ㉕
← ⑳
← ⑮
← ⑩
← ⑤
← ②
← ①

20　15　10　5　1

2段1模様を21回くり返す

4目1模様

□＝｜
○＝かけ目
人＝中上3目一度

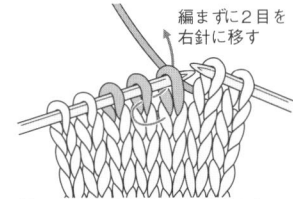

人 中上3目一度

①2目に矢印のように針を入れ、編まずに目を移します。

編まずに2目を右針に移す

②3目めに針を入れ、表目を編みます。

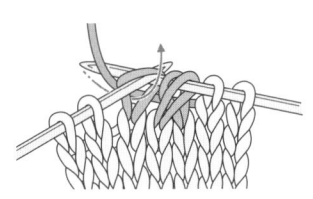

③移した2目を②で編んだ目にかぶせます。

かぶせる

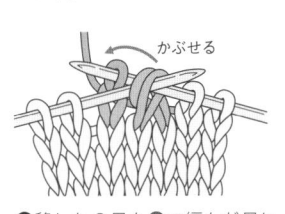

④中上3目一度のできあがりです。

○ かけ目

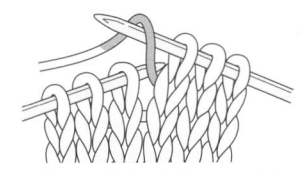

①右針に手前から向こうへ糸をかけます。

②次の目を編みます。

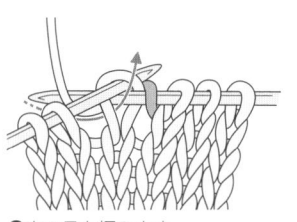

③かけ目ができました。1目増えます。

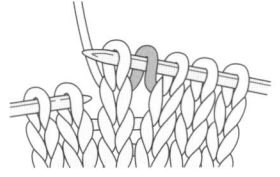
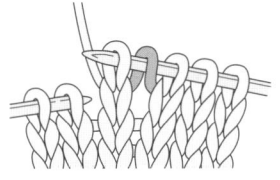

■材料
パピー ブリティッシュエロイカ 黄緑（202）285g。
用具　輪針（100～120cm）10号・棒針10号1本。

■できあがり寸法
幅43cm、長さ96cm。

■ゲージ
10cm平方で模様編み19目・21.5段。

■編み方
輪針と棒針を使ってそれぞれに200目、全体で400目の作り目をして編み始める。模様編みの1段めから全目（400目）で記号図を参照して43段まで編む。編み終わりは3目のアイコードキャストオフ（p.38参照）にする。

〈3 模様編み〉

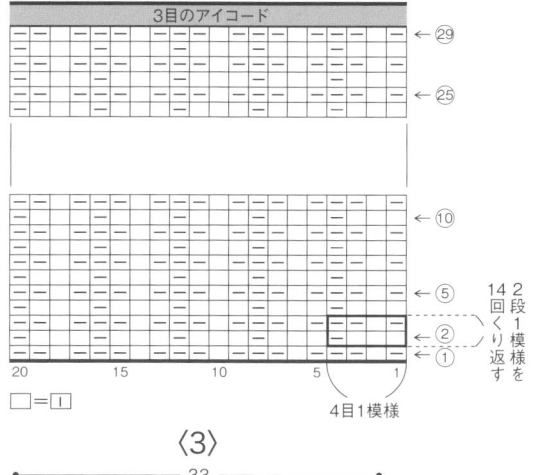

〈4,5 模様編み〉

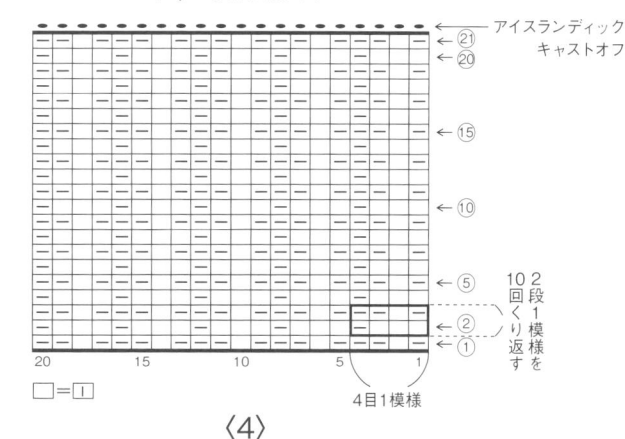

〈3〉

★1.5 (3目)

10 29段

作り目

10 29段

★1.5 (3目)

(70模様・280目)・・・作り目 (140目)

★編み終わりはアイコードキャストオフp.38参照

〈4〉

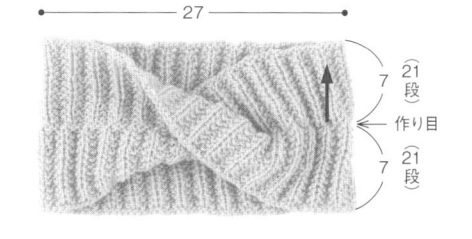

7 21段

7 21段

(60模様・240目)・・・作り目 (120目)

※編み終わりはアイスランディックキャストオフp.36参照

〈5〉

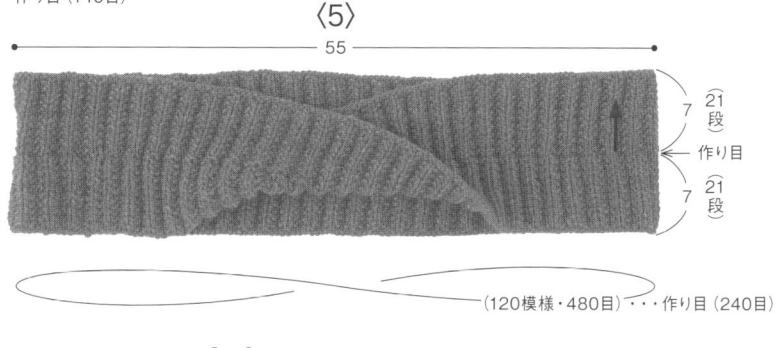

7 21段

作り目

7 21段

(120模様・480目)・・・作り目 (240目)

[3]
■材料
パピー ブリティッシュエロイカ ピンク (180) 130g。
用具 輪針 (80 〜 100cm) 8号・棒針8号1本。
■できあがり寸法
幅23cm、長さ66cm。
■ゲージ
10cm平方で模様編み21目・29段。
■編み方
輪針と棒針を使ってそれぞれに140目、全体で280目の作り目をして編み始める。模様編みの1段めから全目 (280目) 編む。記号図を参照して29段まで編む。編み終わりは3目のアイコードキャストオフ (p.38参照) にする。

[4,5]
■材料
ヤナギヤーン ブルーム [4] ピンク (21) 50g ／ [5] 赤 (17) 95g。
用具 輪針 ([4] 80 〜 100cm ／ [5] 100 〜 120cm) 6号・棒針6号1本。
■できあがり寸法
幅14cm、長さ [4] 54cm ／ [5] 110cm。
■ゲージ
模様編み10cmで22目・7cmで21段。
■編み方
輪針と棒針を使ってそれぞれに [4] 120目、全体で240目／ [5] 240目、全体で480目の作り目をして編み始める。模様編みの1段めから記号図を参照して21段まで編み、編み終わりはアイスランディックキャストオフ (p.36参照) にする。

6 グラデーション Old Shale p.12   # 11 キッズ Sand Stitch p.17

〈6 模様編み〉

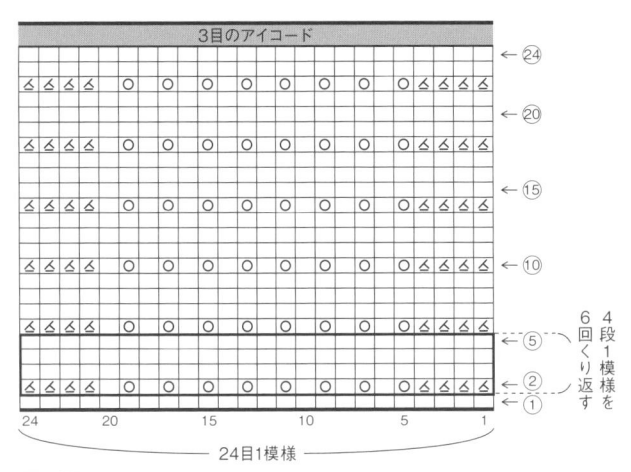

□ = □
△ = 裏目の左上2目一度
○ = かけ目

〈11 模様編み〉

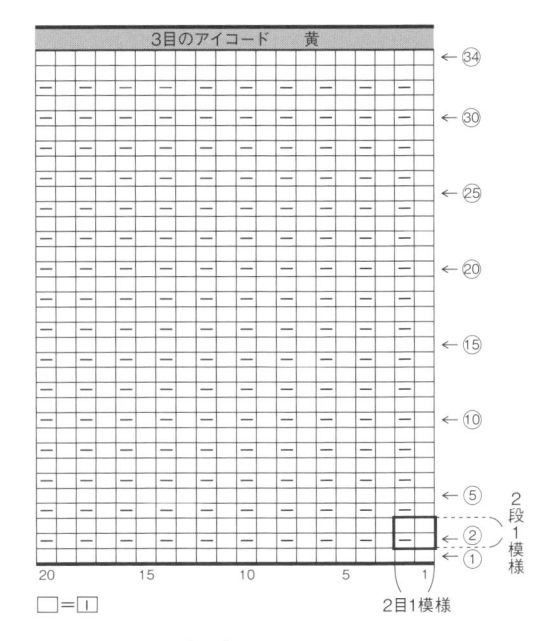

□ = □

〈6〉

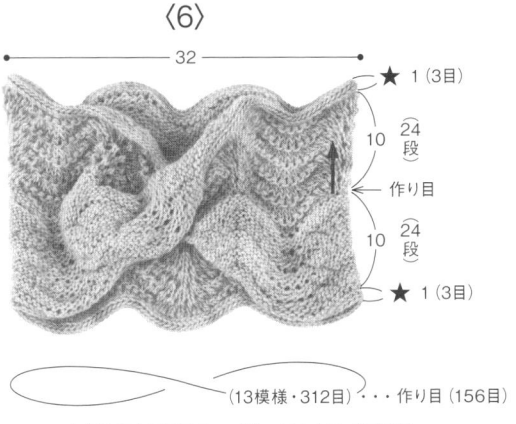

★1 (3目)
10 ㉔段
←作り目
10 ㉔段
★1 (3目)

(13模様・312目)・・・作り目 (156目)

★編み終わりはアイコードキャストオフp.38参照

〈11〉

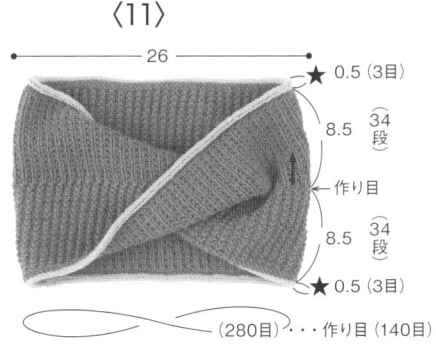

★0.5 (3目)
8.5 ㉞段
←作り目
8.5 ㉞段
★0.5 (3目)

(280目)・・・作り目 (140目)

★編み終わりは黄でアイコードキャストオフp.38参照
※指定以外はターコイズブルーで編む

[6]
■材料
ヤナギヤーン ブルーム メロディ ピンク黄緑系 (11) 70g。
用具 輪針 (80〜100cm) 6号・棒針6号1本。
■できあがり寸法
幅22cm、長さ64cm。
■ゲージ
10cm 平方で模様編み 23 目・24 段。
■編み方
輪針と棒針を使ってそれぞれに 156 目、全体で 312 目の作り目をして
編み始める。模様編みの1段めから全目 (312 目) で記号図を参照し
て 24 段まで編む。編み終わりは3目のアイコードキャストオフ (p.38
参照) にする。

[11]
■材料
スキー タスマニアンポロワース ターコイズブルー (7009) 45g、黄
(7007) 5g。
用具 輪針 (80〜100cm) 3号・棒針3号1本。
■できあがり寸法
幅18cm、長さ52cm。
■ゲージ
模様編み 10cm で 27 目・40 段。
■編み方
輪針と棒針を使ってそれぞれに 140 目、全体で 280 目の作り目をして
編み始める。模様編みの1段めから全目 (280 目) で記号図を参照し
て 34 段まで編む。編み終わりは黄で、3目のアイコードキャストオフ
(p.38 参照) にする。

7 サマーヤーン Summer Lace

p.13

〈模様編み〉

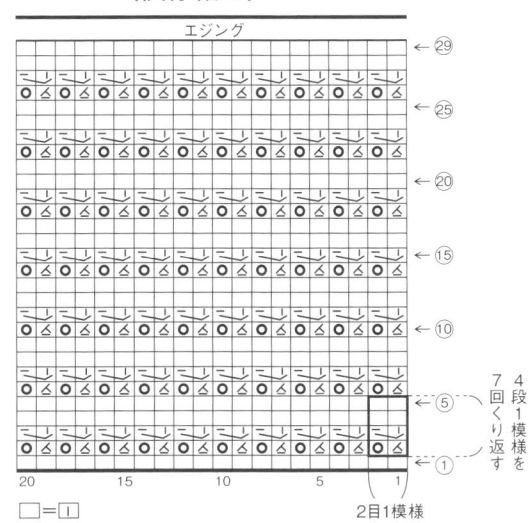

□=［１］

⃠=裏目の左上2目一度

○=次の段で針からはずす

✓=表目と裏目の2目編み出す

〈エジング〉

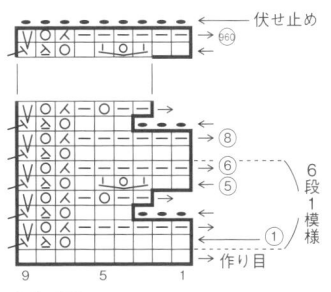

□=［１］

V=すべり目

○=かけ目

⃠=左上2目一度（裏から編む時は裏目の左上2目一度）

LOⅠ=3目の編み出し増し目

⃠=裏目の右上2目一度

⃠=本体の29段めの目と右上2目一度（ねじり目になる）

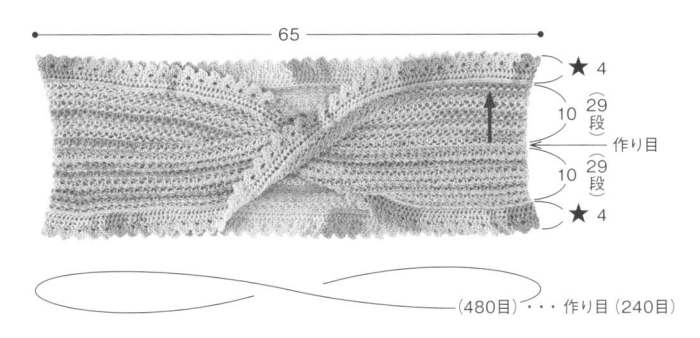

★エジングを編みながらキャストオフp.44参照
※エジングは全体で160模様・960段編む

3目の編み出し増し目

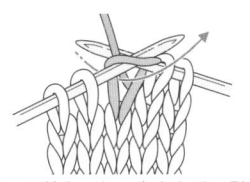

❶目に針を入れ、糸をかけて引き出します。

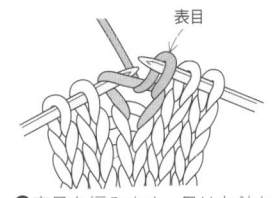

❷表目を編みます。目は左針からはずしません。

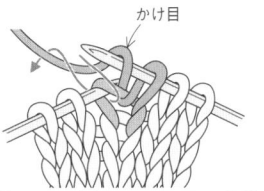

❸かけ目を編み、同じ目に右針を入れて表目を編みます。

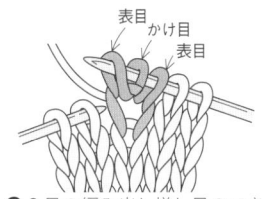

❹3目の編み出し増し目のできあがりです。

■材料
ハマナカ　ウオッシュコットン《グラデーション》黄緑系（305）185g。
用具　輪針（120〜150cm）5号・棒針5号1本。

■できあがり寸法
幅28cm、長さ130cm。

■ゲージ
10cm平方で模様編み20目・25段。

■編み方
輪針と棒針を使ってそれぞれに240目、全体で480目の作り目をして編み始める。模様編みの1段めから全目（480目）で記号図を参照して29段まで編む。エジングは9目作り目をし、記号図とp.44を参照して往復編みで本体とつなぎながら編む。編み終わりは編み始めとメリヤスはぎにする。

〈8 模様編み縞〉

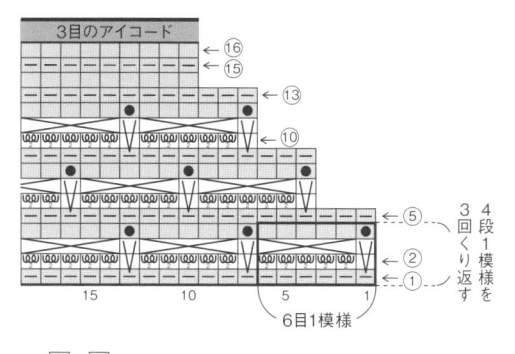

〈8〉

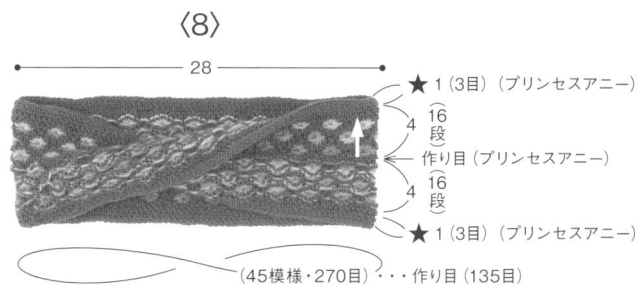

★編み終わりはアイコードキャストオフp.38参照

配色 {
　□ = □
　■ = プリンセスアニー
　□ = レッチェ
}

V = すべり目

2回巻きのドライブ編み

⬚✕⬚ = ⬚ = アスターステッチ p.46参照

⬚✕⬚ = I O I O I

● = 下の段の渡り糸を編みくるむ

Ω = ねじり目

O = かけ目

〈9〉

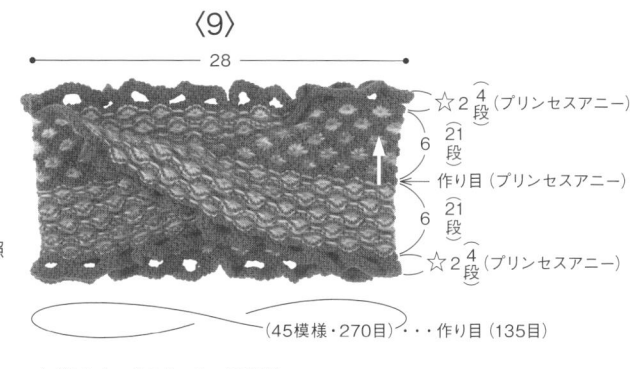

☆ボタンホールステッチp.48参照
※編み終わりはアイスランディックキャストオフp.36参照

〈9 模様編み縞〉

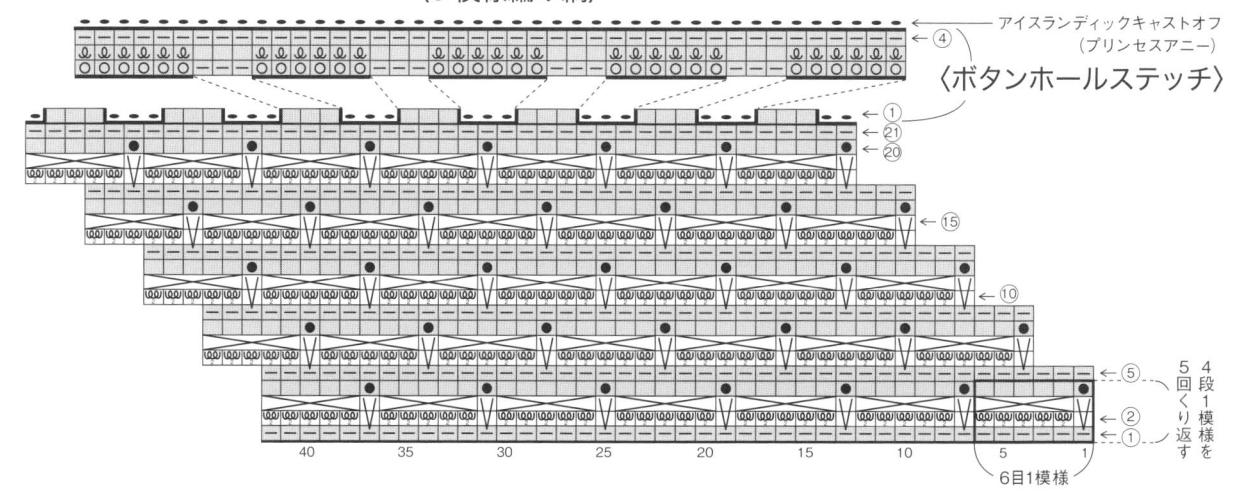

〈ボタンホールステッチ〉

■材料

パピー プリンセスアニー　灰紫（556）[8] 25g ／ [9] 35g、
レッチェ　オレンジ系（411）[8] 10g ／ [9] 15g。
用具　輪針（80 ～ 100cm）5 号・棒針 5 号 1 本。

■できあがり寸法

幅 [8] 10cm ／ [9] 幅 16cm、長さ 56cm。

■ゲージ

10cm で模様編み縞 23 目・[8] 16 段で 4cm ／ [9] 21 段で 6cm。

■編み方

輪針と棒針を使ってそれぞれに 135 目、全体で 270 目の作り目をして
編み始める。模様編み縞の 1 段めから全目（270目）編む。記号図と p.46
を参照して指定段数を編む。

[8] 編み終わりは 3 目のアイコードキャストオフ（p.38 参照）にする。

[9] 模様編み縞に続けてボタンホールステッチ（p.48参照）を 4 段編む。
編み終わりはアイスランディックキャストオフ（p.36 参照）にする。

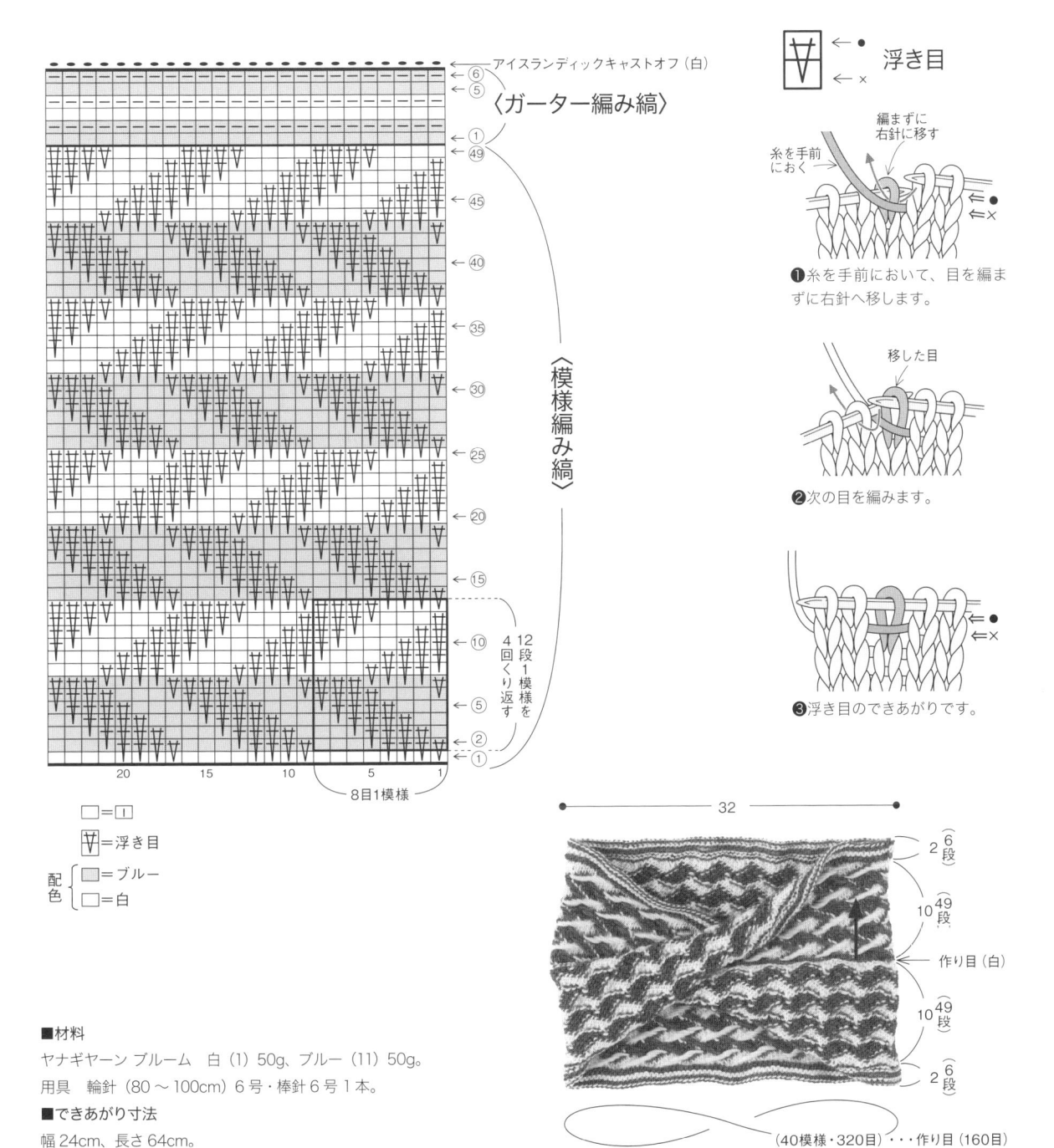

← アイスランディックキャストオフ（白）
〈ガーター編み縞〉
《模様編み縞》

☑ ← •
← ×
浮き目

編まずに右針に移す
糸を手前におく

❶糸を手前において、目を編まずに右針へ移します。

移した目

❷次の目を編みます。

← •
← ×

❸浮き目のできあがりです。

□ = 表目
☑ = 浮き目
配色 □ = ブルー
□ = 白

4回くり返す
12段1模様を
8目1模様

■材料
ヤナギヤーン ブルーム 白（1）50g、ブルー（11）50g。
用具 輪針（80〜100cm）6号・棒針6号1本。
■できあがり寸法
幅24cm、長さ64cm。
■ゲージ
10cm平方で模様編み 23目・49段。
■編み方
輪針と棒針を使ってそれぞれに160目、全体で320目の作り目をして
編み始める。模様編み縞の1段めから全目（320目）編む。記号図を
参照して配色をしながら49段まで編み、ガーター編み縞に続ける。編
み終わりはアイスランディックキャストオフ（p.36参照）にする。

32
2 6段
10 49段
作り目（白）
10 49段
2 6段

（40模様・320目）・・・作り目（160目）

※編み終わりはアイスランディックキャストオフp.36参照

〈模様編み〉

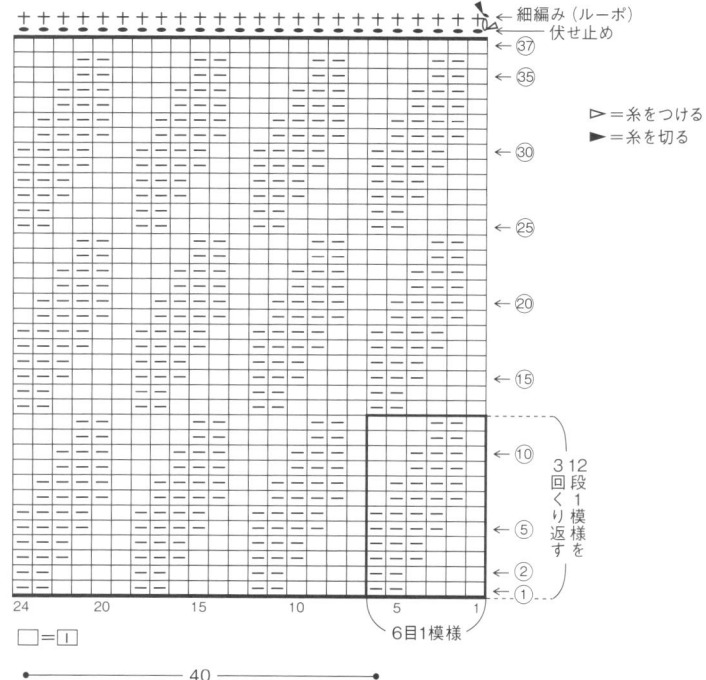

細編み（ルーポ）
伏せ止め
←37
←35
←30
←25
←20
←15
←10
←5
←2
←1

▷＝糸をつける
►＝糸を切る

3回くり返す

12段1模様をくり返す

24　　20　　15　　10　　5　　1

□＝|」

6目1模様

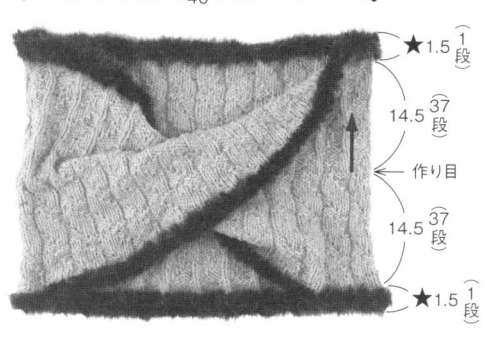

―40―

★1.5 （1段）
14.5 （37段）
←作り目
14.5 （37段）
★1.5 （1段）

（52模様・312目）・・・作り目（156目）

※指定以外はアランツィードで編む
★細編み

┼ 細編み

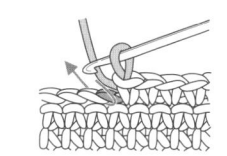

❶前段の目の頭にかぎ針を入れます。

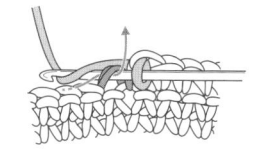

❷糸をかけて引き出します。

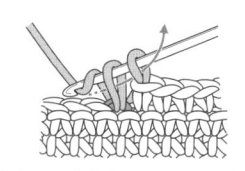

❸さらに糸をかけて2ループを一度に引き抜きます。

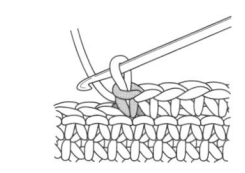

❹細編みのできあがりです。

■材料
ハマナカ アランツィード　生成り（1）140g、ルーポ　ワイン色（11）30g。
用具　輪針（100〜120cm）8号・棒針8号1本。かぎ針10/0号。
■できあがり寸法
幅32cm、長さ80cm。
■ゲージ
10cm平方で模様編み19目・25.5段。
■編み方
輪針と棒針を使ってそれぞれに156目、全体で312目の作り目をして編み始める。模様編みの1段めから全目（312目）で記号図を参照して37段まで編み、編み終わりは伏せ止めにします。スヌードの縁は、ルーポで細編みを1段編みます。

13 ダブル Drop Stich   p.19

〈13 模様編み〉

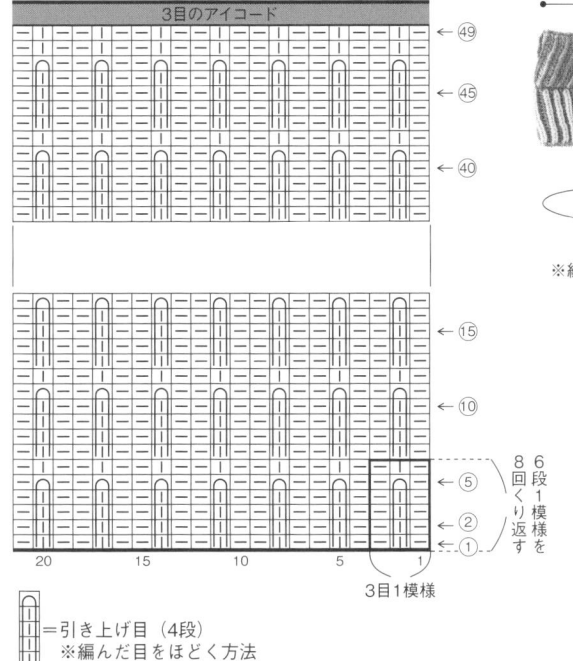

←49
←45
←40
←15
←10
←5
←②
←①

3目のアイコード

20　15　10　5　1

8回くり返す
6段1模様を

3目1模様

☐ ＝引き上げ目（4段）
※編んだ目をほどく方法

〈13〉

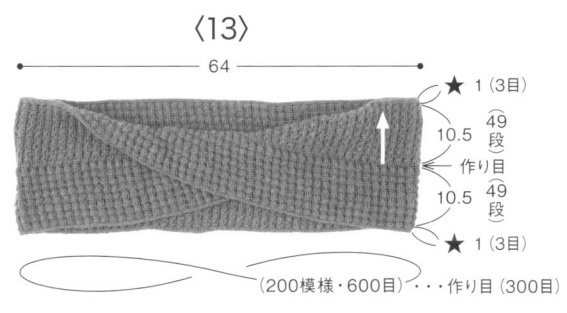

64

★ 1（3目）
10.5
49段
作り目
49段
10.5
★ 1（3目）

（200模様・600目）…作り目（300目）

★編み終わりはアイコードキャストオフp.38参照

16 ダブル Brioche Rib   p.22

〈16〉

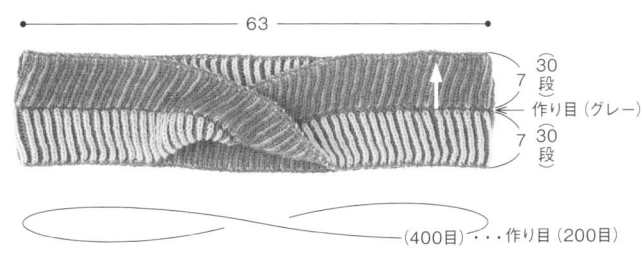

63

30段
7
作り目（グレー）
7
30段

（400目）…作り目（200目）

※編み終わりはイラスティックキャストオフp.40参照

〈16 模様編み〉

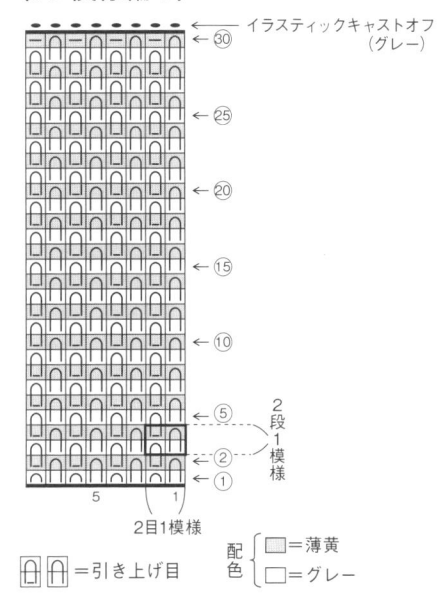

イラスティックキャストオフ（グレー）

←30
←25
←20
←15
←10
←5
←②
←①

5　1

2段1模様

2段1模様

☐☐ ＝引き上げ目

配色 ┃ ☐＝薄黄
　　 ┃ ☐＝グレー

---

[13]

■材料
DARUMA 空気をまぜて糸にした ウール アルパカ オリーブ（4）135g。
用具　輪針（120 〜 150cm）5 号・棒針 5 号 1 本。

■できあがり寸法
幅 23cm、長さ 128cm。

■ゲージ
10cm 平方で模様編み 22 目・46.5 段。

■編み方
輪針と棒針を使ってそれぞれに 300 目、全体で 600 目の作り目をして編み始める。模様編みの 1 段めから全目（600 目）編む。引き上げ目（4 段）は 5 段下の目に針を入れて表目を編み、左針にかかっている目をはずしてほどく。同様に 49 段まで編み、編み終わりは 3 目のアイコードキャストオフ（p.38 参照）にする。

[16]

■材料
パピー クイーンアニー　グレー（832）80g、薄黄（892）75g。
用具　輪針（120 〜 150cm）6 号・棒針 6 号 1 本。

■できあがり寸法
幅 14cm、長さ 126cm。

■ゲージ
模様編み 10cm で 16 目・30 段で 7cm。

■編み方
輪針と棒針を使ってそれぞれに 200 目、全体で 400 目の作り目をして編み始める。模様編みの 1 段めから全目（400 目）編む。記号図と p.51 を参照して配色をしながら 30 段まで編み、編み終わりはイラスティックキャストオフ（p.40 参照）にする。

〈模様編み〉

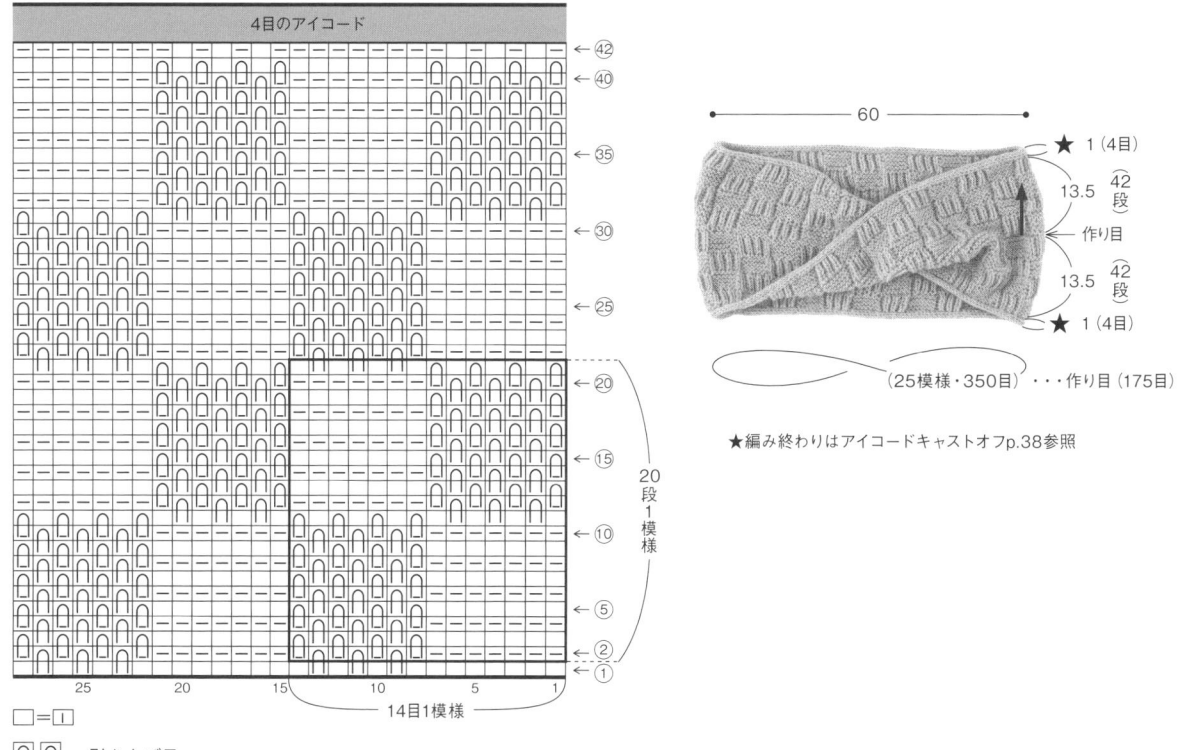

□ = □

A A = 引き上げ目

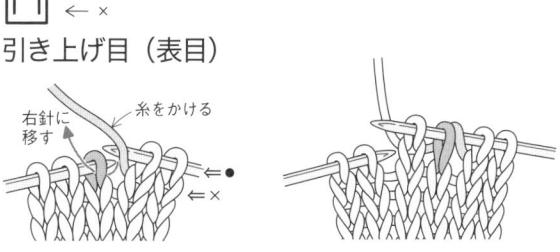

(25模様・350目)・・・作り目（175目）

★編み終わりはアイコードキャストオフp.38参照

引き上げ目（表目）

❶針に糸をかけ、前段の表目を編まずに右針に移します。

❷引き上げ目のできあがりです。次の目を編みます。

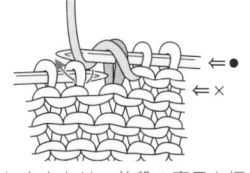

引き上げ目（裏目）

針に糸をかけ、前段の裏目を編まずに右針に移します。次の目を編みます。

■材料
スキー UK ブレンドメランジ　黄緑（8007）240g。
用具　輪針（120～150cm）8号・棒針8号1本。
■できあがり寸法
幅29cm、長さ約120cm。
■ゲージ
10cm 平方で模様編み 14目・31 段。
■編み方
輪針と棒針を使ってそれぞれに175目、全体で350目の作り目をして編み始める。模様編みの1段めから全目（350目）で記号図を参照して42 段まで編み、編み終わりは4目のアイコードキャストオフ（p.38参照）にする。

〈模様編み〉

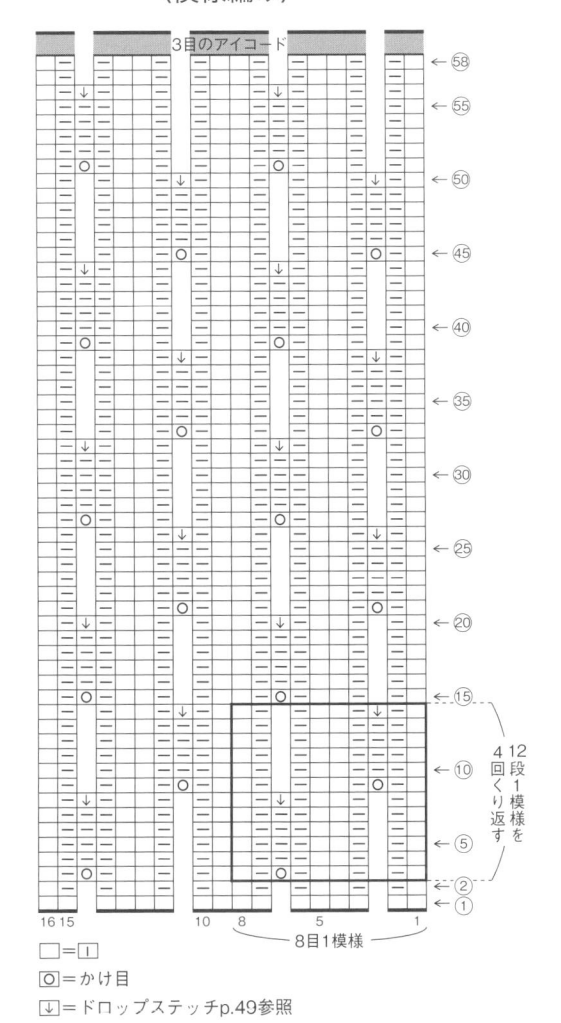

□=Ｉ
Ｏ=かけ目
↓=ドロップステッチp.49参照

3目のアイコード

8目1模様

4回くり返す
12段1模様を

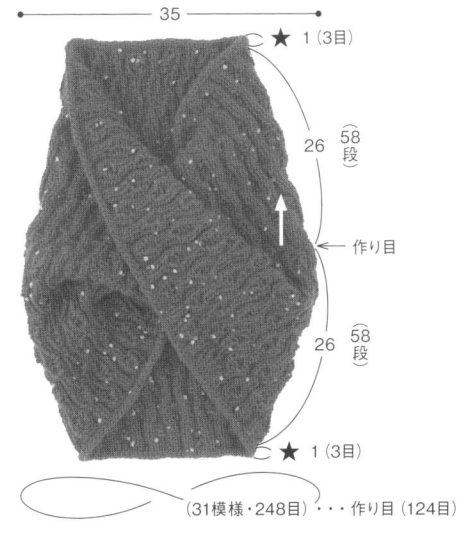

★編み終わりはアイコードキャストオフp.38参照

■材料
DARUMA　ポンポンウール　ボルドー×ブルーグレー（10）280g。
用具　輪針（100～120cm）10号・棒針10号1本。
■できあがり寸法
幅54cm、長さ70cm。
■ゲージ
10cm平方で模様編み17目・22.5段。

■編み方
輪針と棒針を使ってそれぞれに124目、全体で248目の作り目をして編み始める。模様編みの1段めから全目（248目）で記号図とp.49を参照して58段まで編む。編み終わりは3目のアイコードキャストオフ（p.38参照）にする。

17 ブリオッシュ Wave Brioche

p.23

〈ブリオッシュ模様〉

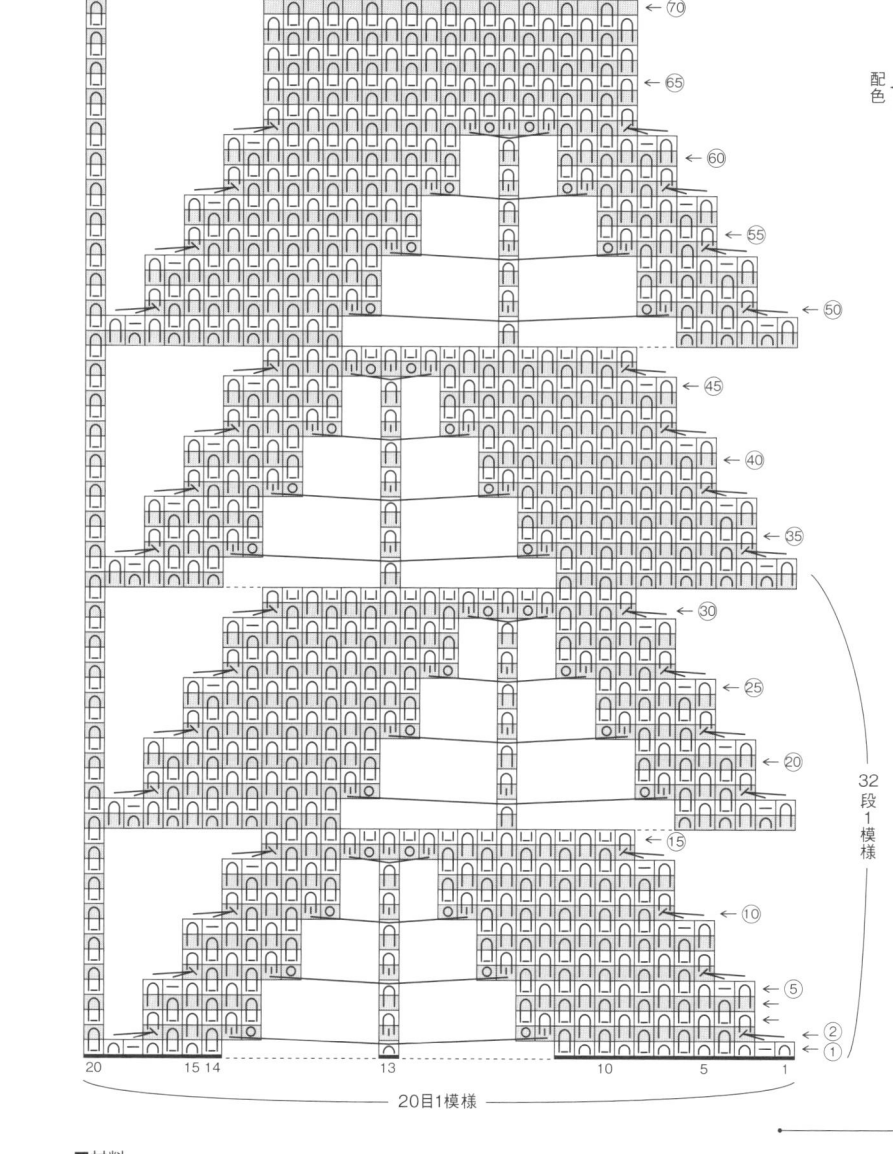

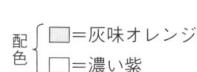

□=回

配色 { ■=灰味オレンジ
　　　□=濃い紫

⊓⊓=引き上げ目

⟍=左上3目一度

⟋=右上3目一度

┃○┃○┃=1目から5目編み出す

32段1模様

20目1模様

■材料
パピー プリンセスアニー　灰味オレンジ（541）100g、濃い紫（550）90g。
用具　輪針（80～100cm）6号・棒針6号1本。

■できあがり寸法
幅36cm、長さ64cm。

■ゲージ
10cm平方で模様編み23.5目・39段。

■編み方
輪針と棒針を使ってそれぞれに170目、全体で340目の作り目をして編み始める。ブリオッシュ模様の1段めから全目で編む。記号図とp.51を参照して70段まで編み、編み終わりは灰味オレンジでキッチナーステッチ（p.42参照）にする。

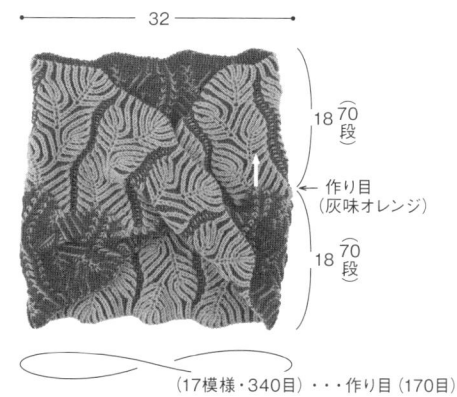

32

18（70段）

←作り目（灰味オレンジ）

18（70段）

（17模様・340目）・・・作り目（170目）

※編み終わりはキッチナーステッチp.42参照

〈模様編み〉

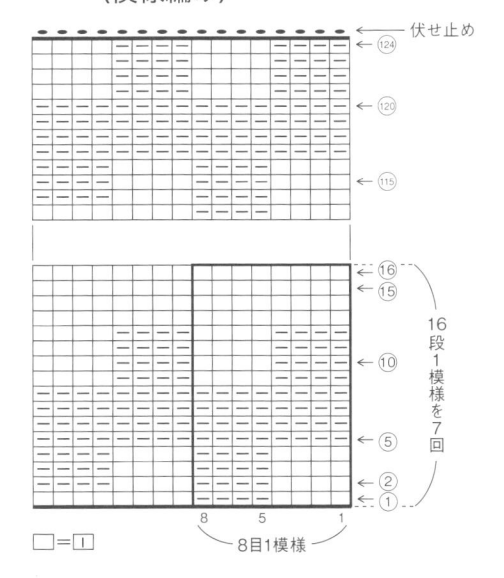

□ = □

8目1模様

16段1模様を7回

伏せ止め

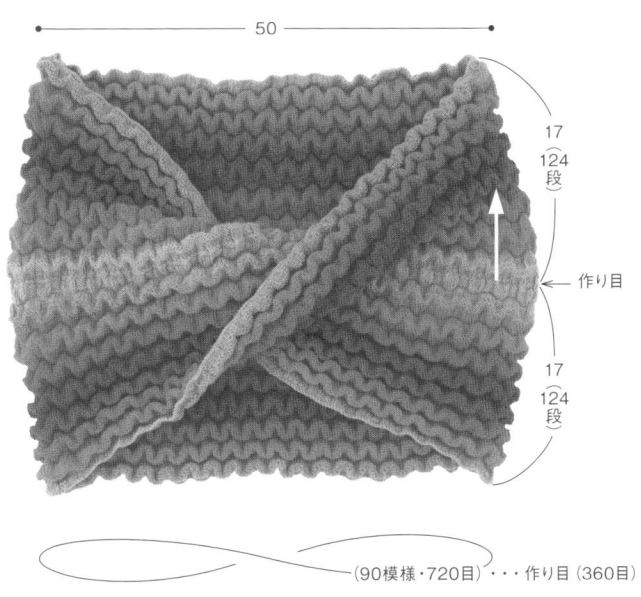

50

17（124段）

作り目

17（124段）

（90模様・720目）・・・作り目（360目）

■材料
ハマナカ ランタナ　オレンジ・赤系（206）300g
用具　輪針（120〜150cm）3号・棒針3号1本。
■できあがり寸法
幅34cm、長さ100cm。
■ゲージ
10cm平方で模様編み36目・73段。

■編み方
輪針と棒針を使ってそれぞれに360目、全体で720目の作り目をして
編み始める。模様編みの1段めから全目（720目）で記号図を参照し
て124段まで編み、編み終わりは伏せ止めにする。

〈模様編み（衿）〉

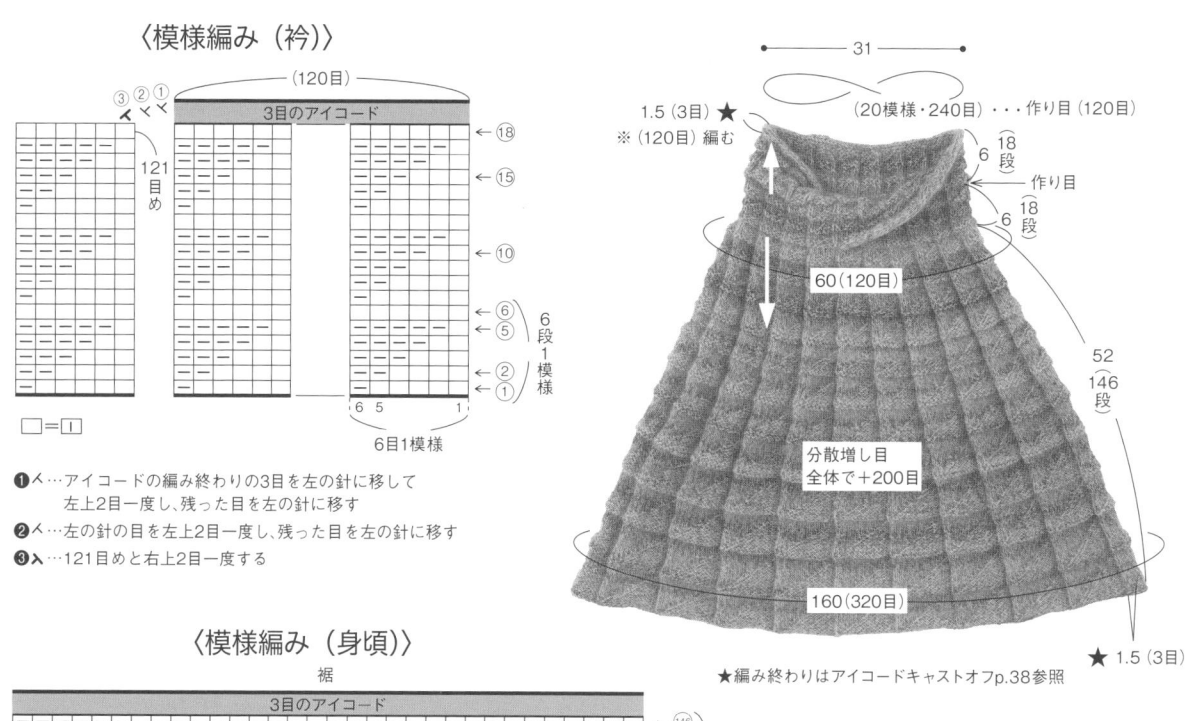

1.5（3目）★
※（120目）編む

（20模様・240目）・・・作り目（120目）

3目のアイコード

（120目）

121目め

18段
6
作り目
18段
6

60（120目）

52
146段

分散増し目
全体で＋200目

160（320目）

★ 1.5（3目）

★編み終わりはアイコードキャストオフp.38参照

□=［Ｉ］

6目1模様

❶人…アイコードの編み終わりの3目を左の針に移して
　左上2目一度し、残った目を左の針に移す
❷人…左の針の目を左上2目一度し、残った目を左の針に移す
❸入…121目めと右上2目一度する

〈模様編み（身頃）〉

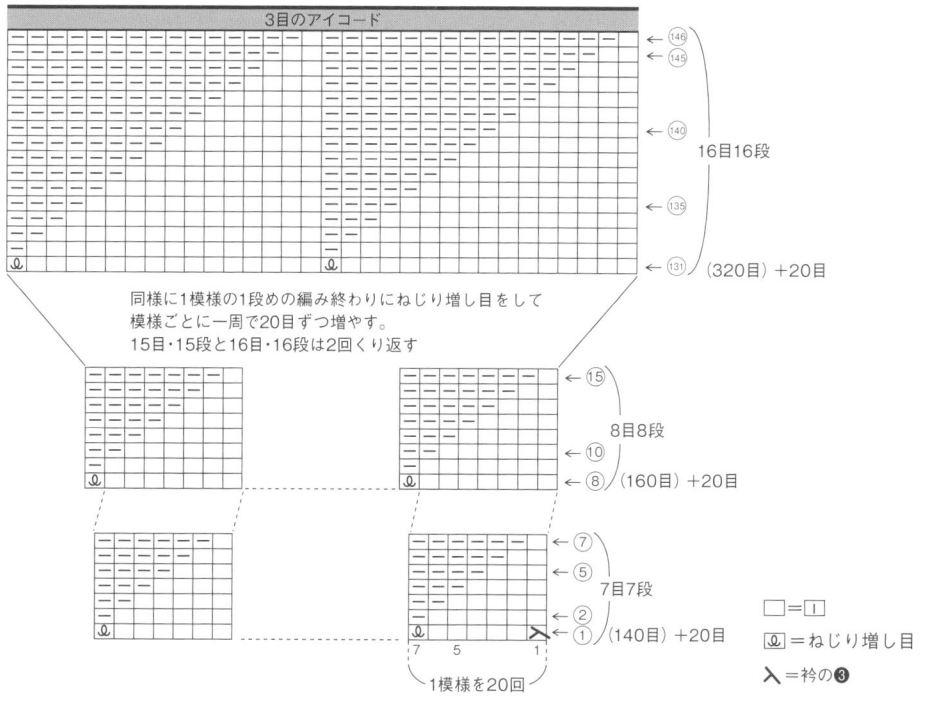

裾

3目のアイコード

16目16段

（320目）＋20目

同様に1模様の1段めの編み終わりにねじり増し目をして
模様ごとに一周で20目ずつ増やす。
15目・15段と16目・16段は2回くり返す

8目8段

（160目）＋20目

7目7段

（140目）＋20目

1模様を20回

□=［Ｉ］

Ⓛ=ねじり増し目

入=衿の❸

■材料　ハマナカ　リッチモア　バカラ・エポック　オレンジ・ブラウンミックス
（268）485g
用具　輪針（60cm、100cm）7号・棒針7号1本。
■できあがり寸法
着丈 67cm
■ゲージ
10cm 平方で模様編み 20目・24段。

■編み方
60cm の輪針と棒針を使ってそれぞれに 120 目、全体で 240 目の作り
目をして編み始める。模様編みの1段めから全目（240目）編む。記
号図を参照して 18 段まで編み、編み終わりは 120 目だけ 3 目のアイ
コードキャストオフ（p.38 参照）にする。アイコードの編み終わりの 3
目は図を参照して 2 目一度を 3 回くり返し、身頃へ続ける。身頃は残っ
た 120 目で輪にし、各模様ごとに増し目をしながら 146 段まで編み、
編み終わりは 3 目のアイコードキャストオフにする。

編み目記号の編み方 Technical Guide

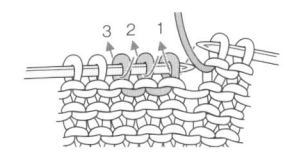（記号）裏目の中上3目一度

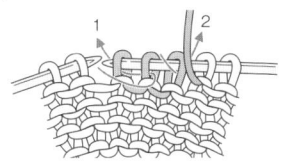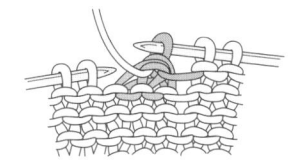

❶ 1,2,3 の順に矢印のように右針を入れ、編まずに目を移します。（1 の矢印に注意）

❷ 1,2 の順に矢印のように左針を入れて目を戻します。

❸ 3目一緒に針を入れて裏目を編みます。

❹ 裏目の中上3目一度のできあがりです。

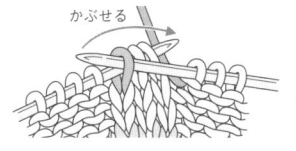（記号）左目に通すノット（3目の場合）

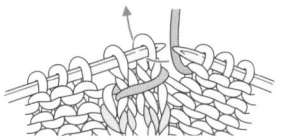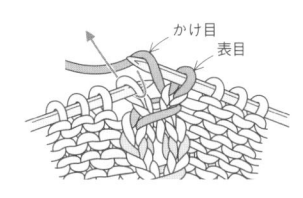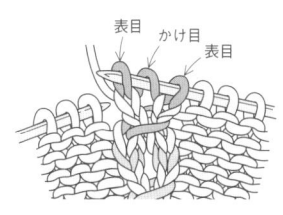

❶ 3目めに右針を入れ、矢印のように右の2目にかぶせます。

❷ 1目めを表目で編みます。

❸ 次にかけ目をし、2目めを表目で編みます。

❹ 左目に通すノット（3目の場合）のできあがりです。

（記号）引き上げ目（2段の場合）※編んだ目をほどく方法

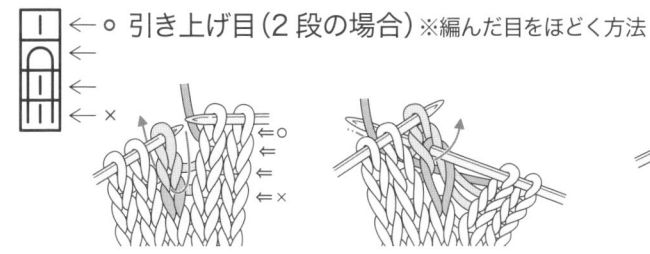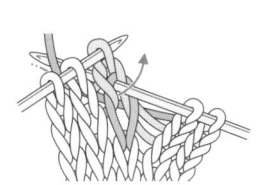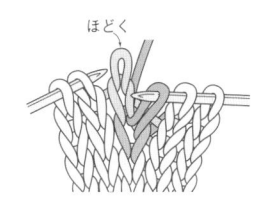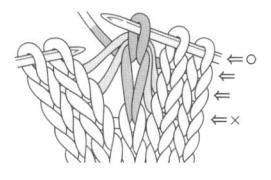

❶ 3段下の目に左針を入れます。

❷ 糸をかけて引き出します。

❸ 左針にかかる目をはずし、目をほどきます。

❹ 編んだ目をほどく引き上げ目（2段の場合）のできあがりです。

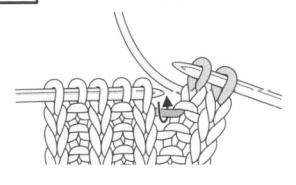（記号）ねじり増し目

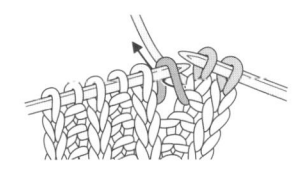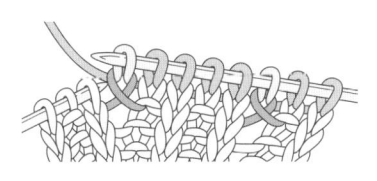

❶ 前段の目と目の間の渡り糸に矢印のように左針を入れて引き上げます。

❷ 引き上げた目に右針を入れ、表目を編みます。

❸ ねじり増し目のできあがりです。

Bernd Kestler （ベルンド・ケストラー）

ドイツのヘッセン州ダルムシュタット出身。10代の頃より編み物を始める。1998年に来日。編み物に関する世界の文献を研究しており、全国各地の編み物教室で講師をつとめる。また、オリジナルのニット帽やショールなどの編み物キットを多数発売。2011年、東日本大震災被災地に届けるニットのブランケットを編む「Knit for Japan」を立ち上げる。バイク好きで、ツーリングに出かけるときも編み物道具を手に、新しい作品や、編み物の新しい可能性について考えている。

作品製作／植原のり子　岡田昌子　後藤敬子　後藤小志津　小林優美　小室弘子　高橋ちほ　武藤真弓　Ingeborg Toda　柳みゆき

アートディレクション／成澤豪（なかよし図工室）
デザイン／成澤宏美（なかよし図工室）
撮影／中島繁樹　森谷則秋（プロセス）　本間伸彦（p.62）
曽我重善（p.2）
スタイリスト／絵内友美
ヘア＆メイク／扇本尚幸
モデル／美代　今村幸祐　真鍋輝也
編み方・トレース／木村一代
編集協力／吉江真美
編集／曽我圭子　鈴木博子

いつのまにか "ひとひねり„
ぐるぐる編みの
メビウススヌ∞ド

発行日／2019年10月1日
発行人／瀬戸信昭　編集人／今ひろ子
発行所／株式会社日本ヴォーグ社
〒164-8705　東京都中野区弥生町5-6-11
電話／販売 03-3383-0628　編集 03-3383-0637
振替／00170-4-9877
出版受注センター／TEL.03-3383-0650　FAX.03-3383-0680
印刷所／大日本印刷株式会社
Printed in Japan　© NIHON VOGUE-SHA 2019
ISBN978-4-529-05916-9 C5077

あなたに感謝しております　–We are grateful.–

手づくりの大好きなあなたが、この本をお選びくださいましてありがとうございます。内容はいかがでしたでしょうか？　本書が少しでもお役に立てば、こんなにうれしいことはありません。日本ヴォーグ社では、手づくりを愛する方とのおつき合いを大切にし、ご要望におこたえする商品、サービスの実現を常に目標としています。小社及び出版物について、何かお気付きの点やご意見がございましたら、何なりとお申し出ください。そういうあなたに私共は常に感謝しております。

株式会社日本ヴォーグ社社長　瀬戸信昭
FAX.03-3383-0602

日本ヴォーグ社関連情報はこちら
（出版、通信販売、通信講座、スクール・レッスン）
https://www.tezukuritown.com/　| 手づくりタウン | 検索 |